Dirk Schwarzenbolz

Geniale Fragen

für den Religionsunterricht

Perfekt als Einstieg, spannender Denkanstoß oder für Zwischendurch zu den zentralen Lehrplanthemen

Auer

Wir haben uns für die Schreibweise mit dem Sternchen entschieden, damit sich Frauen, Männer und alle Menschen, die sich anders bezeichnen, gleichermaßen angesprochen fühlen. Aus Gründen der besseren Lesbarkeit für die Schüler*innen verwenden wir in den Kopiervorlagen das generische Maskulinum. Bitte beachten Sie jedoch, dass wir in Fremdtexten anderer Rechtegeber*innen die Schreibweise der Originaltexte belassen mussten.

In diesem Werk sind nach dem MarkenG geschützte Marken und sonstige Kennzeichen für eine bessere Lesbarkeit nicht besonders kenntlich gemacht. Es kann also aus dem Fehlen eines entsprechenden Hinweises nicht geschlossen werden, dass es sich um einen freien Warennamen handelt.

2. Auflage 2026

Autor*innen: Dirk Schwarzenbolz
Illustrationen: Steffen Jähde
Bibelstellen: „Die Bibelstellen sind der Übersetzung Hoffnung für alle® entnommen, Copyright © 1983, 1996, 2002, 2015 by Biblica, Inc.®. Verwendet mit freundlicher Genehmigung des Herausgebers Fontis.“
Satz: Fotosatz H. Buck, Kumhausen
Druck und Bindung: Esser printSolutions GmbH
ISBN 978-3-403-**08663**-5

www.auer-verlag.de

Inhaltsverzeichnis

Vorwort 4

Klasse 8

Gott kennt mich (Psalm 139) – Mensch 7
Meine Influencer – Mensch 10
Christliches Menschenbild – Mensch 13
Ein mutiger Blinder (Bartimäus) – Jesus Christus 15
Gottes guter Mitarbeiter (Paulus) – Kirche und Bibel 19
Tauben – Kirche und Bibel 21
Wo wohnt Gott? (Judentum) – Weltreligionen 23
Vom Alleinsein (Diakonie) – Welt/Weltverantwortung 25
Freizeit, was ist das? (Diakonie) – Welt/Weltverantwortung 27

Klasse 9

... wie dich selbst! – Mensch 30
Leben nach dem Tod – Mensch 33
Vom Freund zum Verräter (Judas) – Jesus Christus 35
Vater und Kinder – Gott 36
Angst: Daniel in der Löwengrube – Kirche und Bibel 38
Menschenbild im Hinduismus – Weltreligionen 44
Lehren aus dem Buddhismus – Weltreligionen 48
Gesetz oder Gewissen? – Welt/Weltverantwortung 50

Klasse 10

Von einem Star, seinen Fans und seinen Groupies – Jesus Christus 53
Das Kreuz als Symbol – Jesus Christus 56
EKG (Ostern/Auferstehung) – Jesus Christus 58
Gottes Lupe – Gott 60
Die Deutschen Christen – Kirche und Bibel 63
Die Bekennende Kirche – Kirche und Bibel 66
Flüchtlinge – Welt/Weltverantwortung 68
Von Christen und Atheisten – Welt/Weltverantwortung 71
Der Sonntag – Welt/Weltverantwortung 73

Vorwort des Autors

Liebe Kolleg*innen!

Unterrichtseinstiege sind wie Posts bei Instagram: Oft entscheiden die Angesprochenen innerhalb weniger Sekunden, ob sie der Sache folgen oder nicht.

Meist sind es die ersten Worte (oder Aktionen) der Lehrkraft zum Thema, die Schüler*innen entscheiden lassen, ob sie dem Unterricht interessiert folgen – oder ob sie abschalten, wie leider allzu oft. Mit Sicherheit kennen Sie alle diese unbefriedigenden Stundeneinstiege, vielleicht sogar noch aus Ihrer eigenen Zeit als Schüler*in. „*Was haben wir letzte Stunde gemacht?*" oder „*Wir schlagen unser Buch auf Seite xy auf …*" sind solche Klassiker der Demotivation.

Jedoch gerade für den Religionsunterricht sind gelungene Stundeneinstiege wichtig. Dieses Fach kann so nahe am Leben der Schüler*innen liegen – und genießt leider trotzdem häufig ein eher verstaubtes Image. Kein Wunder, dass es für viele Schüler*innen zunächst wenig motivierend erscheint. In mancher Hinsicht könnte eine kleine Erfrischungskur dem Religionsunterricht bestimmt nicht schaden – diese spannenden Fragen und kurzen Geschichten möchten einen bescheidenen Beitrag dazu leisten.

Aber wie gelingen spannende Unterrichtseinstiege? Wie halte ich die Aufmerksamkeit und das Interesse der Schüler*innen auch während der Stunde aufrecht? Wie beende ich meinen Unterricht, sodass die Schüler*innen schon mit Vorfreude auf die nächste Stunde blicken? Auf welche Art und Weise lassen Schüler*innen sich heute fesseln, motivieren – und vielleicht sogar begeistern?

Beruhigend für alle Lehrkräfte dürfte die Erkenntnis sein, dass man nicht unbedingt das häufig zitierte *Methodenfeuerwerk* abfeuern muss, um Schüler*innen zu motivieren. Es muss auch nicht in jeder Unterrichtsstunde das aktuellste digitale Tool bemüht oder ein ganzer Korb toller Realien angeschleppt werden.

In vielen Fällen reicht es, wenn man lediglich die richtigen Fragen stellt! Dies kann auf verschiedene Arten geschehen – entscheidend ist allerdings, dass es die richtigen Fragen sind: Fragen, die Schüler*innen dort abholen, wo sie gerade sind; Fragen, die Bezug nehmen auf ihre Lebenswelt, die sie interessieren und sie zum Nachdenken motivieren.

Manche Fragen in diesem Werk mögen herausfordernd sein, andere irritierend oder regelrecht frech. Aber alle Fragen werden die Schüler*innen zum Nachdenken bringen! In einigen Fällen werden sie sich stirnrunzelnd überlegen, was denn diese Frage Bitteschön mit dem Religionsunterricht zu tun hat. Ab diesem Punkt wird es dann wirklich spannend – was kann man sich für den Einstieg in eine Religionsstunde Besseres wünschen?

Hier finden sich aber nicht nur die entsprechenden Fragen und Antwortmöglichkeiten. Immer wieder wird der Bogen zum entsprechenden Thema geschlagen, manchmal vielleicht auf überraschende Weise, aber immer elegant und durchdacht. Es sind schöne, motivierende Texte enthalten und auch verschiedene Aufgaben und Impulse zum Weiterdenken und -arbeiten. Es finden sich humorvolle Anekdoten, nachdenklich machende Geschichten und Infoboxen mit Hintergrundinformationen. Die einzelnen Kapitel lassen sich perfekt zu Beginn von Unterrichtsstunden einsetzen, aber auch zur Abrundung oder Auflockerung zwischendurch sind sie sehr gut geeignet.

Fazit: Wirklich durchdachte Geschichten und spannende Fragen, die mit Sicherheit dazu beitragen können, Schüler*innen für die Themen des Religionsunterrichts zu begeistern – und die vielleicht sogar in der Lage sind, auch Lehrkräfte neu für dieses tolle Fach zu motivieren!

Gutes Gelingen und Gottes Segen wünscht Ihnen von Herzen

Dirk Schwarzenbolz

Vorwort Laura Andreoli

Liebe Leser*innen!

Wie gestalte ich meinen Unterricht interessant?

Wie schaffe ich es, das Interesse meiner Schüler*innen zu wecken, sie zu fesseln und für Lerninhalte zu begeistern?

Diese Fragen stellt sich vermutlich jede Lehrkraft häufiger. Der Religionsunterricht ist in Zeiten von WhatsApp, Instagram und Co. häufig besonders unbeliebt bei Jugendlichen.

Ein flotter Spruch, ein netter Witz oder auch eine herausfordernde Frage können entscheidend dazu beitragen, Schüler*innen für ein Thema oder gar ein ganzes Fach zu interessieren, vielleicht sogar zu begeistern.

Dirk Schwarzenbolz gibt wertvolle Denkanstöße und knackige Impulse für den Religionsunterricht. Aktuelle Beispiele und ungewohnte Aufgaben regen zum Nachdenken an und helfen den Schüler*innen, ihre persönliche Einstellung zu religiösen Themen zu entwickeln und zu hinterfragen. Seine langjährige Erfahrung mit Jugendlichen hilft ihm, sich gerade auch in die oft kritischen Denker*innen hineinzuversetzen und sie durch seine offene und humorvolle Art zu motivieren. Als seine ehemalige Schülerin weiß ich, wovon ich rede.

Eine Mischung aus kreativen Fragen und kleinen Geschichten erleichtert den Einstieg in komplexe Themen. Religionsunterricht ist vielfältig. Insbesondere für Jugendliche kann er auch sehr spannend sein, wenn er ihnen auf Augenhöhe begegnet. Die vorliegenden Fragen und Geschichten möchten dazu einen – aus meiner Sicht wirklich sehr gelungenen – kleinen Beitrag leisten.

Laura Andreoli

Autor: Dirk Schwarzenbolz (dirk-schwarzenbolz.de)

Unter Mitarbeit von: Laura Andreoli, Selina Cetin

Gott kennt mich (Psalm 139)

Was sind Geheimnisse?

Mögliche Antwort:
Etwas, das wir niemandem oder nur sehr wenigen Menschen erzählen wollen/können.

Welche Dinge hält man vor anderen geheim?

Mögliche Antworten:
- *Sachen, für die man sich schämt*
- *Dinge, die man falsch gemacht hat*
- *Fehler, die man begangen hat und für die man vielleicht noch eine Strafe fürchtet*
- *Peinlichkeiten*
- *Intimes*

Welche Geheimnisse teilt man mit anderen Personen?

Mögliche Antworten:
- *Mit seinen Mitschülern zusammen hat man beispielsweise Geheimnisse vor dem Lehrer.*
- *Mit seiner Familie teilt man so manches Geheimnis, das sonst vielleicht niemand kennt.*
- *Mit Freunden hat man Geheimnisse vor den Eltern.*
- *Oft tut es auch gut, Geheimnisse mit jemandem teilen zu können.*
- *Manche Dinge erzählen wir auch niemandem.*

Kann man auch vor Gott Geheimnisse haben?

Mögliche Antwort:
Nein, eigentlich nicht. Wir erzählen ihm vielleicht nicht alles, aber er weiß es ja sowieso schon, sonst wäre er ja gar nicht Gott.

Ist es gut, dass Gott so viel über dich weiß? Oder wäre es dir lieber, du könntest manches vor ihm verheimlichen?

Mögliche Antworten:
Das ist schon gut. Gott versteht mich, wenn ich Probleme habe. Ich kann ihn um Hilfe bitten und muss ihm nicht alles noch lange erklären.

Oder:
Meine Eltern checken manchmal gar nicht, was ich überhaupt meine, wenn ich ihnen von meinen Gedanken erzähle. Ich hoffe, bei Gott ist das anders.

Oder:
Nein! Mir wäre es lieber, Gott wüsste nicht alles über mich.

Wie genau Gott uns kennt, wird in den ersten Versen von Psalm 139 deutlich. Dort steht:

Herr, du durchschaust mich!

1 *Ein Lied von David.*
Herr, du durchschaust mich,
du kennst mich durch und durch.
2 *Ob ich sitze oder stehe – du weißt es,*
aus der Ferne erkennst du, was ich denke.
3 *Ob ich gehe oder liege – du siehst mich,*
mein ganzes Leben ist dir vertraut.
4 *Schon bevor ich anfange zu reden,*
weißt du, was ich sagen will.
5 *Von allen Seiten umgibst du mich*
und hältst deine schützende Hand über mir.
6 *Dass du mich so genau kennst, übersteigt meinen Verstand;*
es ist mir zu hoch, ich kann es nicht begreifen!

(Psalm 139, 1–6, Hoffnung für alle)

Ja, anscheinend kennt Gott uns sogar besser als wir uns selbst. Ein krasses Gefühl, irgendwie. Wie gut, dass er uns so mag und dass er nur das Beste für uns will. Er hat uns ja schließlich so gemacht, wie wir sind.

Übrigens: Unsere Geheimnisse sind bei Gott bestens aufgehoben. Er erzählt sie bestimmt niemandem weiter! Das beruhigt auch die Jungs in dieser kleinen Geschichte ...

... er war sauer, der böse Rentner. Kinder hatte er noch nie leiden können, deswegen hatten er und seine Frau sich auch nie welche angeschafft. Sie konnten ihm gestohlen bleiben, diese kleinen Racker mit ihren frechen Sprüchen. Es reichte ihm schon, wenn sie an seinem Gartenzaun vorbei zur Schule gingen. Beinahe täglich störten ihr Schwätzen und das fröhliche Lachen seinen Mittagsschlaf. Es war kaum auszuhalten. Selbst seine Frau konnte ihn nicht beruhigen.
Am allermeisten aber nervte es ihn, dass jeden Herbst Äpfel von seinem Baum im Garten fehlten. Er selbst mochte gar keine Äpfel. Deswegen ließ er sie immer am Baum hängen, bis sie von allein herunterfielen und verfaulten. Aber trotzdem konnten diese frechen Kinder doch nicht ungefragt seine Äpfel klauen. Noch nie hatte er einen der Jungs oder eines der Mädels erwischt. Aber er war sich ganz sicher, dass immer wieder Äpfel geklaut wurden.

Eines Tages malte er ein großes Schild, das er direkt unter den Baum stellte. ***GOTT SIEHT ALLES!*** *Vielleicht konnte das die kleinen Räuber endlich abschrecken, dachte er, und schaltete zufrieden den Fernseher an. Am nächsten Morgen glaubte er, seinen Augen nicht trauen zu können. Nicht nur, dass wieder einige Äpfel fehlten. Ganz offensichtlich hatte da jemand sein Schild manipuliert. Unter seinen fetten Großbuchstaben* ***GOTT SIEHT ALLES!*** *stand nämlich in krakeliger Kinderschrift geschrieben:* ***Ja, aber er verpetzt uns nicht!***

(nach einer bekannten Geschichte)

Infobox Psalmen

Die Psalmen sind Gebete. Früher wurden diese Gebete gesungen. Es gibt 150 Psalmen in der Bibel. Sie stehen im Alten Testament. In manchen dieser Gebete wird Gott gelobt oder ihm gedankt. In anderen Psalmen wird er aber auch angeklagt. In vielen Psalmen sind ganz persönliche Erfahrungen mit Gott enthalten. Deshalb haben die Psalmen schon ganz vielen Leuten geholfen. Der bekannteste Psalm ist Psalm 23. Er beginnt mit den Worten: Der Herr ist mein Hirte.

Meine Influencer

Welcher YouTuber gefällt dir am besten?

Individuelle Antwort

Wer ist für dich der wichtigste Influencer?

Individuelle Antwort

Welche Beiträge gefallen dir am besten? Warum?

Individuelle Antwort

Und im Real Life? Wer hat den größten Einfluss auf dich?

Mögliche Antwort:
Bisher waren das vermutlich die Eltern. In der Jugend werden allerdings die Freunde und Bekannten immer wichtiger. Durch die sozialen Netzwerke sind Kontakt- und Bewertungsmöglichkeiten beinahe unendlich – mit allen positiven und negativen Folgen.

Für viele Dinge im Leben können wir nichts! Sie passieren einfach und wir müssen uns damit abfinden.

Vielleicht ist mein Freund besser in Mathe, weil er dafür einfach ein Talent hat. Meine Freundin hat vielleicht schönere Haare oder mehr Follower bei Instagram. Die einen können besser Fußballspielen, den anderen fällt immer der passende Spruch ein. Manche sind topfit, andere plagen sich vielleicht mit Übergewicht herum. Den einen fällt das Lernen in der Schule leicht, andere bangen um die Versetzung. Die einen sind kerngesund, andere haben vielleicht üble Krankheiten. Während die einen verständnisvolle und tolle Eltern haben, gibt es andere, deren Eltern sich scheinbar nicht für sie interessieren. In manchen Familien gibt es Geld im Überfluss, andere sind eher arm und möchten dies vielleicht geheim halten.

Wie gesagt, viele Dinge passieren uns einfach. Wir haben sie nicht in der Hand und müssen versuchen, das Beste daraus zu machen.

Es gibt aber auch Dinge, die wir in der Hand haben. Zum Beispiel können wir zumindest mitbestimmen, wer Einfluss auf uns hat. So wie in dieser Geschichte:

Leise knacken die Zweige im Lagerfeuer. Ganz eng kuschelt sich Thilo an seinen Großvater. Er genießt es, seinen Lieblingsopa einmal ganz für sich zu haben. Seine Eltern sind ins Kino gegangen und wieder einmal hat sein Opa die beste Idee gehabt: „Komm, wir machen ein Lagerfeuer im Garten", hat er Thilo vorgeschlagen und der war natürlich gleich begeistert. Sie haben Würstchen gegrillt und Geschichten erzählt. Thilo ist schon ganz müde geworden.

„Warum bist du eigentlich immer so lieb, Opa?", fragt er mit schläfriger Stimme. „Ich bin auch nicht immer lieb", antwortet sein Großvater und man kann seiner Stimme anhören, dass er lächelt. „Mir kommt es manchmal so vor, als wären in meinem Kopf ein kleines Engelchen und ein kleines Teufelchen. Das Engelchen flüstert mir ein, lieb zu sein, das Teufelchen flüstert das Gegenteil! Ich glaube, das ist bei allen Menschen so."

„Und wer gewinnt?" „Ich kann selbst entscheiden, welchem von den beiden ich zuhöre. Es gewinnt immer der, dem ich mehr Aufmerksamkeit schenke!"
„Dann ist es gut, dass du so oft dem Engelchen zuhörst, Opa", meint der kleine Thilo und zufrieden fallen ihm die Augen zu.

Wem schenkst du deine Aufmerksamkeit, dem Engelchen oder dem Teufelchen?

Individuelle Antwort

Von wem lässt du dich beeinflussen?

Individuelle Antwort

Welche Seiten löschst du aus deinem Browserverlauf?

Individuelle Antwort

Welche „Freunde“ sind gut für dich, welche vielleicht nicht?

Individuelle Antwort

Wie gesagt, viele Dinge passieren einfach. Wir haben sie nicht in der Hand und können nichts daran ändern.

Aber von wem wir uns beeinflussen lassen, das haben wir selbst in der Hand!
Womit wir unsere Zeit verbringen, das ist unsere eigene Verantwortung.
Wem schenkst du heute deine Aufmerksamkeit – dem Engelchen oder dem Teufelchen?

Christliches Menschenbild

Was darf eine Lehrerin/ein Lehrer NICHT?

Mögliche Antwort:
Sie/Er darf keine Schülerinnen und Schüler schlagen, beleidigen, bloßstellen. Sie/Er darf nicht absichtlich ungerecht sein, sondern muss alle möglichst gleichbehandeln. Sie/Er darf nicht nach Belieben benoten, sondern muss erklären können, wie ihre/seine Noten zustande kommen.

Warum darf die Lehrerin/der Lehrer so vieles nicht?

Mögliche Antwort:
Weil Schülerinnen und Schüler auch Rechte haben. Lehrerinnen und Lehrer dürfen diese Rechte nicht verletzen; jeder Mensch ist gleich viel wert und seine Würde darf nicht angetastet werden.

Wer sagt denn, dass alle Menschen gleich viel wert sind? Stimmt das überhaupt? Ist eine junge Frau zum Beispiel nicht mehr wert als eine Oma im Pflegeheim?

Mögliche Antwort:
Unser Grundgesetz sagt ganz klar: Jeder Mensch ist gleich viel wert, unabhängig von seinem Nutzen für die Gesellschaft. Der erste Satz im Grundgesetz heißt: Die Würde des Menschen ist unantastbar. Das bedeutet, dass jeder Mensch eine Ehre hat, die von keinem anderen Menschen verletzt werden darf. Leider gibt es in Deutschland viele Fälle, in denen dieser wichtige Grundsatz verletzt wird.

Wie ist das in anderen Ländern?

Mögliche Antwort:
Leider ist es nicht in allen Ländern so, dass vor dem Gesetz alle Menschen gleich viel wert sind. Es gibt viele Länder, in denen Menschen ungerecht behandelt werden. So gibt es zum Beispiel Länder, in denen Frauen oder Mädchen weniger wert sind. Manchmal werden auch die Angehörigen einer bestimmten Religion oder Volksgruppe benachteiligt.

Wer hat unser Grundgesetz erfunden? Woher kommt diese Einstellung zu allen Menschen?

Mögliche Antwort:
Das Grundgesetz wurde nach dem Zweiten Weltkrieg geschrieben. Die Politiker wollten durch dieses Grundgesetz auch verhindern, dass jemals wieder jemand wie Hitler an die Macht in Deutschland kommen kann. Die Einstellung, dass jeder Mensch gleich viel wert ist, kommt auch aus der Bibel, es ist das sogenannte christliche Menschenbild.

Infobox Christliches Menschenbild

Alle Menschen wurden von Gott gemacht. Sie sind die wichtigsten Geschöpfe Gottes. Er hat uns zu seinem Ebenbild gemacht, das steht schon ganz zu Beginn der Bibel im Schöpfungsbericht (1. Mose 1, 27) und es gilt für alle Menschen. Der Mensch hat einen eigenen Willen bekommen und eine große Aufgabe: Er soll Gott vertreten und auf der Erde für Gerechtigkeit und Frieden sorgen. Diese Aufgabe erfüllt er allerdings leider nicht immer so gut, deswegen braucht er die Vergebung Gottes.

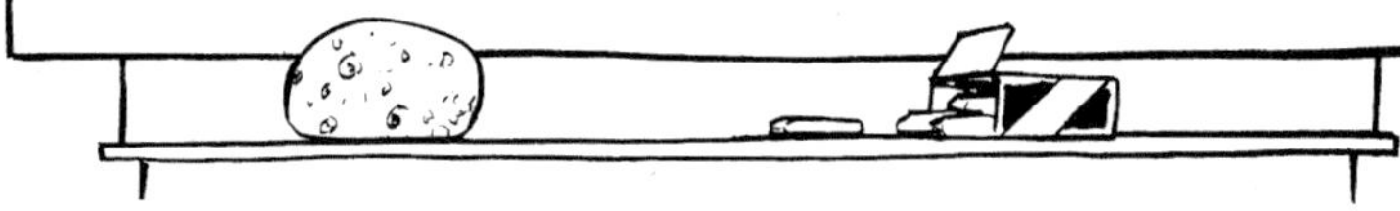

Impuls:

- ★ Bestelle dir dein eigenes Grundgesetz kostenlos auf der Seite www.bpb.de. Achtung, es ist nicht ganz einfach geschrieben, aber du musst ja nicht alles lesen. Vielleicht könnt ihr mit eurem Lehrer zusammen Artikel 1 und Artikel 7 besprechen – in Artikel 7 geht es um die Schule.

Klasse 8

Ein mutiger Blinder (Bartimäus)

Kennst du dieses Gefühl von Unsicherheit, wenn man den Eindruck hat, dass alle einen anstarren und man gar nicht weiß, was man sagen soll?

Mögliche Antwort:
Das kennt wohl jeder Schüler. Man braucht nur vom Lehrer aufgerufen zu werden, wenn man gerade nicht aufgepasst hat – und schon ist es da, dieses Gefühl.

Luis kennt dieses Gefühl jetzt noch aus einem anderen Blickwinkel ☺.

Mist! Worauf habe ich mich da eingelassen, schießt es Luis durch den Kopf. Hätte er doch nur einmal seinen Mund gehalten!
Jetzt kann er nicht mehr zurück.
Er sitzt im Klassenzimmer.
Ganz vorne, unter der Tafel.
Auf dem Boden.

Die Religionslehrerin hatte einen Freiwilligen gesucht. Einen, der sich was traut. Einen, der nicht gleich Angst bekommt, hatte sie noch hinzugefügt. Bei diesen Worten waren die Arme der meisten anderen wieder herabgesunken.
Sein Arm hatte nicht einmal gezuckt.
Vielmehr hatte er die anderen noch verspottet:
„Was ist los, ihr habt wohl Angst, oder was? Frau Seifert, ich bin dabei!“

Prompt hatte die Lehrerin ihn nach vorne gewunken und dann auch postwendend vor die Tür geschickt. „Ich komme gleich zu dir“, hatte sie gemeint, „ich muss nur schnell noch etwas mit der Klasse hier besprechen.“ Damit hatte sie ihn nach draußen befördert. So angestrengt er auch gelauscht hatte, er hatte von draußen nur die gesenkte Stimme von Frau Seifert gehört, aber kein Wort verstanden.

Schließlich war sie nach draußen gekommen, ein buntes Tuch in der Hand. „So Luis, ich werde dir jetzt die Augen verbinden, in Ordnung?" Luis nickte und drehte sich um. „Keine Sorge, das Tuch ist frisch gewaschen", meinte Frau Seifert, während sie hinter ihn trat. Sie musste sich fast ein bisschen strecken, um dem groß gewachsenen Achtklässler das Tuch über die Augen zu streifen. „So", fuhr sie fort, „jetzt hör' mir mal genau zu. Ich habe extra dich für diese Aufgabe ausgewählt, weil ich weiß, dass du ein starker Junge bist, der sich nicht so leicht erschrecken lässt."

Luis nickte nur. Er blinzelte unter dem Tuch und war beruhigt, dass er an seiner Nasenspitze vorbei einen kleinen Streifen Boden sehen konnte. Das war gut so, er würde es Frau Seifert auf keinen Fall verraten. Sollte die nur denken, er könnte überhaupt nichts sehen.

Schon redete die Lehrerin weiter: „Wir beide gehen jetzt wieder ins Klassenzimmer. Ich führe dich und dann darfst du dich ganz gemütlich auf den Boden setzen. Mehr musst du nicht machen. Okay?" „Alles klar", murmelte Luis unter dem Tuch. Aber so ganz wohl war ihm nicht mehr.

Und jetzt sitzt er da. Er kann sich vorstellen, wie alle ihn anstarren. Wenigstens hat er heute ein einigermaßen cooles T-Shirt an.

Er kann die Anwesenheit der anderen Schülerinnen und Schüler regelrecht spüren. Auch wenn niemand etwas sagt, ist es ja nie ganz ruhig im Klassenzimmer. Rechts vorne quietscht ein Stuhl. Irgendwo rollt ein Bleistift auf den Boden. Ganz hinten hat gerade jemand geflüstert. Die Luft scheint so richtig vor Spannung zu knistern. Er hat offensichtlich als einziger keine Ahnung, was hier vor sich geht. Der Streifen Boden, den er trotz des Tuchs sehen kann, hilft ihm kein bisschen weiter.

*„Hey, was geht hier ab?" Luis hat sich bemüht, seiner Stimme einen festen Klang zu geben. Soll ja schließlich keiner merken, was es für ein Scheißgefühl ist, hier vorne zu sitzen. Jetzt schreckt er aber zusammen, weil ihm aus der Klasse ein vielstimmiges „Ruhe" zurückschallt. Stühle werden verschoben, Kleider rascheln.
Sind jetzt alle aufgestanden, oder was?*

„Hallo, was soll das?“ Jetzt schwingt schon deutliche Unsicherheit in seiner Stimme mit. Wieder kommt von der ganzen Klasse ein lautes „Ruhe“ zurück. Dabei scheinen seine Mitschüler immer näher zu kommen. Jemand stößt an einen Tisch, ein anderer kichert.
Luis hat jetzt wirklich keine Lust mehr. Daher ist er froh, als er die freundliche Stimme von Frau Seifert hört: „Okay, das reicht.“ Sie berührt Luis an der Schulter. „Du darfst aufstehen, Luis.“ Luis nimmt erleichtert das Tuch ab und blinzelt. Seine ganze Klasse steht vor ihm. Keiner sitzt an seinem Platz, alle stehen vor ihren Tischen oder im Gang. „Das hast du gut gemacht, Luis“, meint Frau Seifert. „Marcel, kannst du deinem Freund mal erklären, was eure Aufgabe war.“

Luis schaut seinen besten Kumpel an. Auch der steht vor seinem Tisch. „Ja klar. Wir mussten einfach ruhig sitzen bleiben, Luis. Sobald du irgendetwas sagst, mussten wir alle zusammen „Ruhe“ sagen und aufstehen. Wenn du wieder was sagst, mussten wir dazu noch einen Schritt in deine Richtung machen.“

„Danke Marcel“, sagt Frau Seifert. Zur Klasse gewandt fährt sie fort: „Ich habe euch ja gesagt, der Freiwillige sollte kein Angsthase sein. Deswegen war Luis genau der Richtige. Magst du uns kurz erzählen, wie du dich gefühlt hast, Luis?“

„Scheiße!“, entfährt es Luis unwillkürlich. „Nicht so gut“, fügt er schnell noch hinzu. „Man hat das Gefühl, dass man von allen verarscht wird.“ Frau Seifert nickt. Auch seine Mitschüler schauen verständnisvoll.

„Was war das Schlimmste?“, will die Lehrerin noch wissen.
„Dass ich nichts sehen konnte. Dass ich nicht wusste, was um mich herum abgeht. Dass alle mich zur Ruhe bringen wollten. Und dass ich auf dem Boden sitzen musste.“ „Sehr gut, Luis.“ Frau Seifert scheint zufrieden zu sein. „Ihr dürft euch jetzt alle wieder hinsetzen. Luis, du darfst dir jemanden aussuchen, der uns jetzt eine kleine Geschichte aus der Bibel vorliest …“

<u>*Ein Blinder wird geheilt*</u>

(Matthäus 20,29–34; Lukas 18,35–43)

46 *Dann kamen Jesus und seine Jünger nach Jericho. Als sie*
die Stadt wieder verlassen wollten, folgte ihnen eine große
Menschenmenge. An der Straße saß ein Blinder und bettelte.
Es war Bartimäus, der Sohn von Timäus. 47 *Als er hörte, dass*
es Jesus aus Nazareth war, der vorbeikam, begann er laut zu
rufen: „Jesus, du Sohn Davids, hab Erbarmen mit mir!“ 48 *Die*
Leute fuhren ihn an, er solle still sein. Aber er schrie nur noch
lauter: „Du Sohn Davids, hab Erbarmen mit mir!“
49 *Da blieb Jesus stehen: „Ruft ihn her zu mir.“ Ein paar von*
den Leuten liefen zu dem Blinden und sagten zu ihm: „Nur
Mut! Steh auf, Jesus ruft dich!“ 50 *Da warf er seinen Mantel*
zur Seite, sprang auf und kam zu Jesus. 51 *„Was soll ich für*
dich tun?“, fragte ihn Jesus. „Rabbi“, flehte ihn der Blinde an,
„ich möchte sehen können!“ 52 *Darauf antwortete Jesus: „Geh!*
Dein Glaube hat dich geheilt.“ Im selben Augenblick konnte der
Blinde sehen, und er ging mit Jesus.

(Markus 10, 46–52, Hoffnung für alle)

Aufgaben:

- ⋆ Wie passt das kleine Rollenspiel, das Frau Seifert mit ihrer Klasse gemacht hat, zu der Geschichte von Bartimäus?
- ⋆ Gibt es auch Dinge, die nicht passen?
  (Denke zum Beispiel daran, wie Bartimäus seinen Lebensunterhalt verdienen musste oder was er für eine gesellschaftliche Stellung hatte.)
- ⋆ Was könnte Jesus mit dem Satz:
  „Geh hin, dein Glaube hat dich geheilt.“ gemeint haben?

Gottes guter Mitarbeiter (Paulus)

Woran erkennt der Chef einer Firma einen guten Mitarbeiter?

Mögliche Antwort:
Erfolg, Fleiß, Loyalität, Einsatzbereitschaft, Engagement, Flexibilität, Fitness, Eigenständigkeit, Verantwortung, …

Was sollte ein guter „Mitarbeiter Gottes" tun?

Mögliche Antwort:
Die Aufgabe für Gottes Mitarbeiter ist ziemlich klar. Jesus hat den Auftrag, möglichst viele Menschen mit Gottes guter Botschaft zu erreichen. Seine Jünger hat er zu „Menschenfischern" gemacht, die allen Menschen von ihm erzählen sollen. Außerdem sollen seine „Mitarbeiter" natürlich Nächstenliebe üben.

Warum ist diese Aufgabe so wichtig für Gott?

Mögliche Antwort:
Weil Gott alle Menschen liebt. Er möchte in Kontakt mit allen kommen und hat dafür sogar seinen Sohn geopfert. Daran kann man erkennen, wie viel jeder Einzelne Gott wert ist.

Wer war dann wohl Gottes erfolgreichster Mitarbeiter?

Mögliche Antwort:
Ein Mann hat es geschafft, aus den winzigen Anfängen des Christentums eine Weltreligion zu machen. Er hat die gute Nachricht von Jesus verbreitet, nicht nur unter den Juden, sondern unter allen Völkern. Es passt zu Gottes Geschichte mit uns Menschen, dass sein erfolgreichster Missionar zuerst sein erbittertster Gegner war. Gott hat ihn sozusagen „umgedreht" und damit aus einem schlimmen Feind seinen vielleicht wichtigsten Mitarbeiter gemacht. Die Rede ist von Paulus, der zuerst Saulus hieß.

Paulus hat es geschafft, dass aus einer kleinen Sekte ganz am Rande des römischen Weltreichs in relativ kurzer Zeit eine der wichtigsten Glaubensgemeinschaften wurde. Er hat dafür gesorgt, dass nicht nur Juden, sondern Menschen aus allen Völkern Christen werden konnten.

Paulus war sehr erfolgreich und die junge Glaubensgemeinschaft wuchs sehr schnell, obwohl Römer und Juden sie grausam bekämpften. Doch bereits 321 n. Chr. machte der römische Kaiser Konstantin das Christentum zur Staatsreligion im Römischen Reich. Eine beispiellose Erfolgsgeschichte!

Ein großer Teil der Apostelgeschichte – das ist ein wichtiger Teil des Neuen Testaments – berichtet ausführlich über das Leben von Paulus, der wirklich interessante Dinge erlebt hat. Vielleicht findest du ja etwas Spannendes heraus.

Aufgabe:

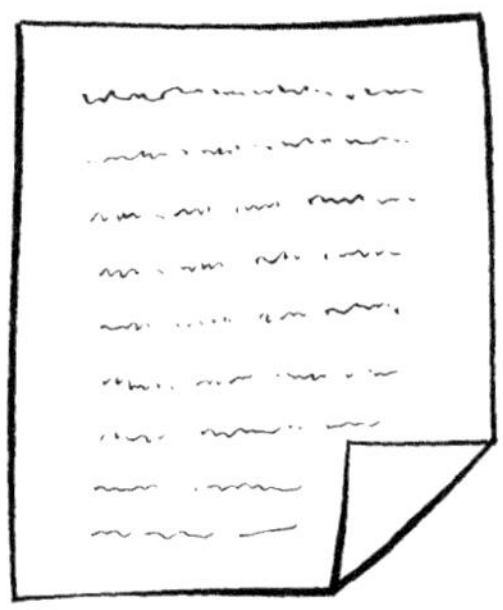

- ★ Erstelle einen Lebenslauf von Paulus. Recherchiere dazu im Internet. Der Lebenslauf soll folgende Informationen enthalten:
  - Wo wurde Paulus geboren?
  - Was war seine anfängliche Einstellung gegenüber den Christen?
  - Warum änderte er seinen Namen?
  - Was war sein großes Ziel nach dieser Namensänderung?
  - In welche Länder führten ihn seine Reisen? (vier Beispiele)
  - Welche Bücher des Neuen Testaments stammen von ihm? (vier Beispiele)
  - Warum wurde er angeklagt?
  - Was weiß man über sein Lebensende?

Klasse 8

Tauben

Kennst du Tauben? Diese Vögel?

Mögliche Antwort:
Doofe Frage, klar kennst du Tauben. Aus der Fußgängerzone, wo Kinder sie gerne jagen, zum Beispiel.

Sind Tauben nützlich oder schädlich?

Mögliche Antwort:
Tauben haben bestimmt ihren Nutzen. Sie können aber auch ganz schön nerven. Und viel kaputt machen. Durch ihren Kot beschädigen sie viele alte Bauwerke.

Der Pfarrer eines Dorfes hatte auch ein Problem mit Tauben. Immer wieder flatterten diese Vögel in seiner Kirche herum. Ganz egal, was der arme Mann unternahm, immer wieder fanden die schlauen Tiere einen Weg ins Innere der Kirche, wo sie dann überall ihren Kot hinterließen. Schließlich erzählte der verzweifelte Pfarrer seinem Kollegen aus dem Nachbardorf von seinem Problem. Der andere Pfarrer lachte laut ins Telefon: „Tauben in der Kirche? Dagegen gibt es ein ganz einfaches Mittel."
Der geplagte Pfarrer schöpfte Hoffnung. „Wirklich? Welches denn?"
„Ach, das ist ganz einfach, aber vielleicht ein bisschen ungewöhnlich. Ich hatte genau das gleiche Problem. Aber dann habe ich einfach …"

Was könnte der Pfarrer seinem Kollegen empfehlen? Hast du eine Idee?

Mögliche Antwort:
Der Pfarrer sagte: Zunächst habe ich alle meine Tauben getauft. Danach habe ich sie konfirmiert. Und seit ihrer Konfirmation habe ich sie nie wieder in der Kirche gesehen!

Was möchte dir diese Geschichte wohl sagen?

Individuelle Antwort

Wie müsste ein Gottesdienst aussehen, in den du und deine Freunde gerne gehen würden? Fallen dir fünf Dinge ein?

Individuelle Antwort

Wo wohnt Gott? (Judentum)

Wo wohnt Gott eigentlich?

Mögliche Antwort:
Beispiele: Im Himmel, in den Wolken, zwischen Himmel und Erde, in den Herzen der Menschen, in der Bibel, überall, …
Kann man nicht genau sagen!

Oft heißt es, dass Gott überall wohnt. Weißt du auch, seit wann er das tut?

Mögliche Antwort:
Eigentlich seit Pfingsten. Jesus hat seinen Jüngern versprochen, dass er ihnen einen „Stellvertreter" schickt, wenn er nicht mehr bei ihnen ist. Dieser Stellvertreter ist der Heilige Geist. Er kam am ersten Pfingstfest über die Jünger. Seit damals kann man also sagen: Gott wohnt überall.

Warum gibt es überhaupt Kirchen, wenn Gott überall wohnt?

Mögliche Antwort:
Damit der Glaube der Menschen ein Zuhause hat. Um Menschen einen Ort zu bieten, an dem sie sich in besonderer Weise Gott nahe fühlen können. Kirchen wurden auch gebaut, um Gott durch die tollen Bauwerke zu ehren.

Wie ist das im Judentum?

Mögliche Antwort:
Juden glauben an den gleichen Gott wie wir Christen. Sie glauben, dass er ihre Vorfahren durch die Wüste geführt und ihnen das Land Kanaan, das heutige Israel, gegeben hat. Als sichtbares Zeichen, dass Gott bei ihnen war, zeigte er sich dem Volk in einer Rauchsäule bei Tag und in Form einer Feuersäule bei Nacht. Später bauten die Juden ihrem Gott eine Art Zelt, die Stiftshütte. Darin wurde die Bundeslade aufbewahrt, eine Truhe mit den Zehn Geboten. Gott versprach den Juden, unter ihnen zu wohnen, wenn sie ihm diese Stiftshütte bauten. Erst als sie das Land Kanaan erobert und zu einem mächtigen Reich ausgebaut hatten, erlaubte Gott seinem Volk, ihm ein festes Haus zu bauen, den Jerusalemer Tempel. Seither war dieser Tempel das Haus Gottes.

Infobox Tempel

Überlieferungen zufolge soll König Salomo den ersten Tempel in Jerusalem ungefähr 950 v. Chr. erbaut haben. In diesem Tempel stand die Bundeslade mit den Steintafeln, in die Gott die Zehn Gebote eingemeißelt hatte. Im Laufe der Geschichte wurde der Tempel immer wieder zerstört und neu aufgebaut, das letzte Mal unter König Herodes 21–19 v. Chr. In diesem Tempel soll auch Jesus gewesen sein. Die Römer zerstörten den Tempel endgültig im Jahr 70 n. Chr. Erhalten geblieben ist nur ein Stück der Mauer, die heute als Klagemauer bekannt ist. Für Juden ist der Tempel bzw. seine Überreste bis heute der Ort, an dem sie Gott am nächsten sind, deswegen kommen immer noch sehr viele zum Beten an die Klagemauer. Dort wo früher der Hauptbau des Tempels war, befinden sich heute der muslimische Felsendom und die Al-Aqsa-Moschee. Da hier keine archäologischen Untersuchungen stattfinden, ist über das tatsächliche Aussehen des ehemaligen Tempels nicht viel bekannt. Man ist also weitgehend auf die Angaben der Bibel angewiesen.

Aufgabe:

⋆ In der Bibel ist ziemlich genau beschrieben, wie der Tempel aussah, den König Salomo bauen ließ. Lies nach in 1. Könige 6. Stell dir vor, du würdest eine Drohne über den Tempel fliegen lassen. Zeichne dann den Tempel aus Sicht dieser Drohne. Falls du noch Zeit hast, kannst du noch versuchen, eine Seitenansicht zu malen.

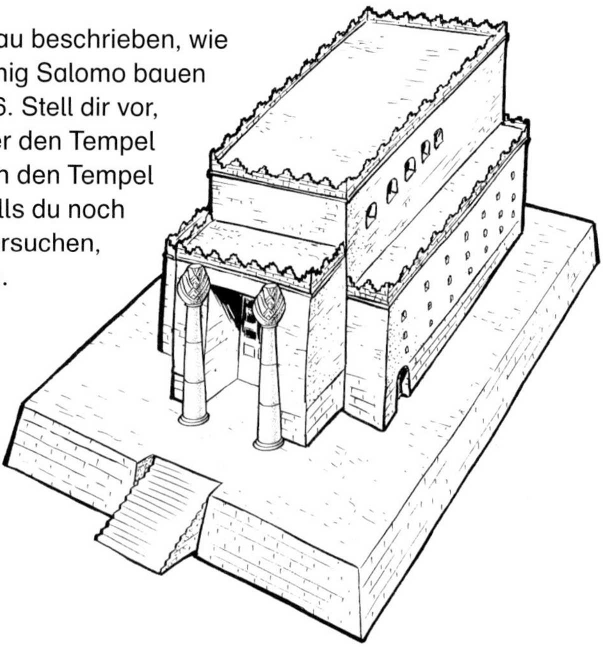

Vom Alleinsein (Diakonie)

Kennst du jemanden, der oft allein ist?

Individuelle Antwort

Hast du dich schon mal alleingelassen gefühlt?

Individuelle Antwort

Wann ist Alleinsein schlimm?

Mögliche Antworten:

- *Alleinsein ist dann schlimm, wenn man eigentlich gar nicht allein sein will. Wenn man gerne jemanden bei sich hätte, aber es niemanden gibt.*
- *Alleinsein ist dann schlimm, wenn niemand etwas mit einem zu tun haben möchte.*
- *Alleinsein ist dann schlimm, wenn man Probleme hat, die andere nicht verstehen oder nicht verstehen wollen.*
- *Alleinsein ist dann schlimm, wenn man sich verlassen fühlt – verlassen von seiner Familie, seinen Freunden, von der ganzen Welt.*

Sogar Jesus selbst hat sich alleingelassen gefühlt. Er war nicht nur von der ganzen Welt und von seinen engsten Freunden verlassen worden. Sogar sein Vater, Gott, hatte ihn allein gelassen. Zumindest muss es sich für ihn wohl so angefühlt haben, als er damals am Kreuz hing und rief:
„Mein Gott, mein Gott, warum hast du mich verlassen?"
Wenn also jemand mitfühlen kann mit den Alleingelassenen dieser Welt, dann Jesus Christus.

In der Bibel stellt er sich mit allen Bedürftigen auf eine Stufe, mit allen Menschen, denen etwas Wichtiges fehlt. Zum Beispiel im Gleichnis vom Weltgericht, das in Kapitel 25 im Matthäusevangelium steht. Er gibt uns den eindeutigen Auftrag, uns für die Not unserer Mitmenschen verantwortlich zu fühlen und ihnen zu helfen, wenn es in unserer Macht steht. Auch das bekannte Gleichnis vom Barmherzigen Samariter hat genau diese Aussage.

Die evangelische und die römisch-katholische Kirche möchten diesen Auftrag Jesu ausführen. Sie möchten den Alleingelassenen helfen und die Liebe Gottes so ganz praktisch erlebbar machen, für möglichst viele Menschen. Aus diesem Grund haben sie große Organisationen gegründet – die Diakonie und den Caritasverband.

Infobox Diakonie

Die Diakonie gehört zur evangelischen Kirche in Deutschland. Sie ist ein sozialer Dienst, der sich für alle Menschen einsetzt, die Hilfe benötigen. Ungefähr zehn Millionen Menschen in Deutschland erhalten in irgendeiner Form Hilfe von dieser Organisation. Die Diakonie beschäftigt mehr als eine Millionen Menschen haupt- oder ehrenamtlich. Die Diakonie setzt in ihrer Arbeit das christliche Gebot der Nächstenliebe praktisch um. Sie ist für viele Menschen unverzichtbar.
Von der römisch-katholischen Kirche gibt es den Deutschen Caritasverband, der ganz ähnliche Aufgaben erfüllt.

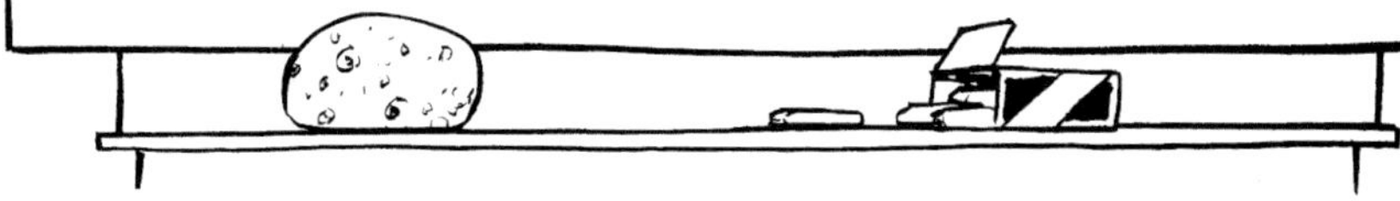

Aufgabe:

★ Bestimmt gibt es auch in deiner Stadt Angebote der Diakonie und der Caritas. Recherchiere, welche Angebote es gibt und berichte der Klasse davon.

Impuls:

★ Ladet einen Mitarbeiter oder eine Mitarbeiterin der Diakonie oder der Caritas ein, um einen besseren Eindruck von ihren wichtigen Aufgaben zu erhalten.

Klasse 8

Freizeit, was ist das? (Diakonie)

Wie viele Stunden schläfst du pro Nacht? (Durchschnitt)

Individuelle Antwort

Wie viele Stunden verbringst du pro Tag mit der Schule? (Unterricht, Lernen, Hausaufgaben, Busfahrt, …)

Individuelle Antwort

Wie viele Stunden pro Tag brauchst du zum Essen?

Individuelle Antwort

Musst du deinen Eltern regelmäßig helfen? Wie lange pro Tag?

Individuelle Antwort

Ziehe deine Schlafens-, Schul-, Essens- und „Elternzeit" von 24 ab. Wie viele Stunden bleiben übrig?

Individuelle Antwort

Das ist deine Freizeit!
Zeit, in der du machen kannst, was du willst.
Meistens jedenfalls.
Oder nicht?

Bist du zufrieden mit deiner Freizeit?

Individuelle Antwort

Es war auf jeden Fall nicht schon immer so. Hören wir doch mal, wie es bei Magdalena war. Sie hat vor ungefähr 170 Jahren gelebt und sie erzählt uns aus ihrem Leben:

Mein Name ist Magdalena. Ich bin 14 Jahre alt und ich arbeite seit einem halben Jahr als Dienstmädchen bei einer reichen Familie in Hamburg. Mein Arbeitstag beginnt morgens um 05:30 Uhr und endet erst, wenn alle Arbeit erledigt ist. Oft muss ich noch bis um 22:00 Uhr Gäste bewirten und Geschirr abspülen. Pausen habe ich keine. Freizeit auch nicht, weil ich sonntags zuerst die Kinder anziehen und für die Kirche fertigmachen muss, nebenher ihr Frühstück machen soll und danach dann Mittagessen vorbereiten muss. Nachmittags hat die Familie oft Gäste, denen ich Kaffee und Gebäck servieren muss. Neulich ging mir beim Abtrocknen ein Teller kaputt, weil ich gleichzeitig das jüngste Kind füttern sollte. Der Teller kostete 30 Pfennig, die mir von den fünf Mark abgezogen wurden, die ich im Monat verdiene.

Ich bin sehr froh, dass ich diese Stelle habe.
Meine Eltern hätten mich nicht mehr ernähren können. Vater und Mutter wohnen zusammen mit meinen fünf jüngeren Geschwistern in einem einzigen Zimmer über dem Hinterhof. In diesem wird gekocht, gegessen und geschlafen. Zum Spielen haben die Kinder keine Zeit. Sie müssen ebenfalls zum Lebensunterhalt beitragen. Mein Vater arbeitet 16 Stunden am Tag. Trotzdem reicht das Geld kaum für Miete und Essen. Letztes Jahr war er zwei Tage krank. Er bekam keinen Lohn in dieser Zeit und wir mussten ein paar Tage hungern. Sonst hätten wir uns die Miete nicht mehr leisten können und wären auf der Straße gelandet.
Die Familie von Elisabeth, meiner Freundin, hatte weniger Glück. Ihr Vater kam bei einem Unfall in der Fabrik ums Leben. Weil die Familie kein Geld mehr hatte, sind sie aus der Wohnung geflogen. In einer Gartenhütte sind sie untergekommen, bis auch die Mutter krank geworden ist. Das bisschen Essen, das sie hatte erbetteln können, hatte sie ihren Kindern gegeben. Sie selbst war dann so erschöpft und schwach, dass eine Erkältung ausgereicht hat, um sie sterben zu lassen. Wahrscheinlich wären Elisabeth und ihre Geschwister auch längst tot, wenn sie nicht ins Rauhe Haus gekommen wären. Dieses Kinderheim hat schon viele Leben gerettet …

In der Zeit der Industrialisierung, in der weite Teile der Bevölkerung unter extremer Armut litten – wie in der Geschichte – entstand die organisierte Diakonie.

Infobox Anfänge der Diakonie

Mitte des 19. Jahrhunderts entstand die organisierte Diakonie, um den vielen Menschen, die in Armut geraten waren, zu helfen.
Johann Hinrich Wichern leitete schon seit 1833 das Rauhe Haus in Hamburg, ein sogenanntes Rettungshaus für gefährdete Kinder. Auf sein Bestreben hin wurde auf dem ersten evangelischen Kirchentag 1848 der „Central-Ausschuss für die Innere Mission der deutschen evangelischen Kirche" gegründet, der Vorläufer des heutigen diakonischen Werkes der Evangelischen Kirche Deutschlands (EKD). Johann Hinrich Wichern wollte aus christlicher Verantwortung heraus benachteiligten Menschen helfen.
Der Begriff „Diakonie" stammt übrigens aus der Bibel. Er meint dort den Dienst der Kirche an allen Hilfsbedürftigen – er passt also auch heute noch perfekt zu dieser tollen Organisation.

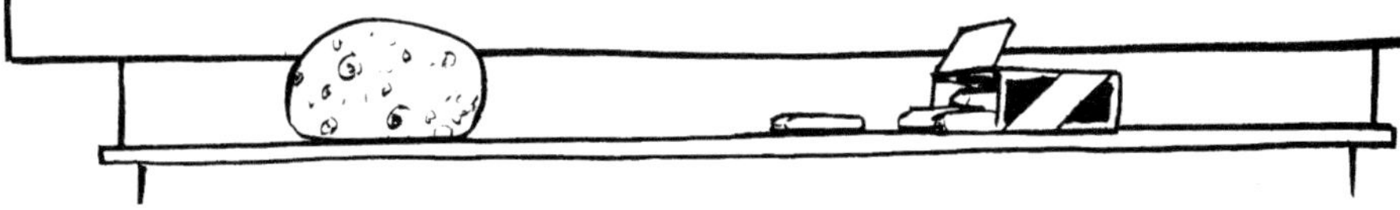

Aufgaben:

- ★ Das Rauhe Haus in Hamburg gibt es heute noch. Sieh dir die Homepage an und notiere, was für Aktionen in unserer Zeit dort laufen und welchen Menschen geholfen wird.
- ★ Im Rauhen Haus wurde etwas erfunden, was heute in vielen Familien jedes Jahr zum Einsatz kommt. Finde heraus, was erfunden wurde, und notiere auch, was der Grund für diesen Einfall war.

Impuls:

- ★ Pro Tag zehn Minuten deiner Freizeit opfern, nur eine Woche lang – meinst du, das wäre möglich?

Mach mit, wenn du Lust hast: Verwende zehn Minuten deiner täglichen Freizeit für jemand anderen (Abtrocknen helfen, Oma besuchen, am Wochenende Frühstück machen, … Es gibt genügend Gelegenheiten, oder?). Führe ein kurzes Online-Hilfstagebuch auf deinem Handy, in dem du deine tägliche Mini-Aktion aufschreibst und bring es am Ende der Woche mit.

… wie dich selbst!

Was machst du jetzt gerade? Jetzt, während der Unterrichtsstunde? Sei ehrlich!

Individuelle Antwort

Hast du gerade Lust auf Unterricht? Hallo – ehrlich sein!

Individuelle Antwort

Was ist eigentlich deine Hauptbeschäftigung an einem ganz normalen Tag in der Schule?

Individuelle Antwort

Vielleicht bringt dich diese kleine Begebenheit ein bisschen zum Nachdenken …

Timmy Tablet, der rasende Reporter, steht mit seinem iPad auf dem Schulhof. Ein Kreis von Schülerinnen und Schülern verschiedenen Alters hat sich um ihn gebildet. Timmy Tablet interviewt während der großen Pause Freiwillige aus verschiedenen Klassenstufen zum Thema Schule.

„Und du?“, fragt er gerade Sandra, „was ist denn deine Meinung zum Thema Schule und Lernen?“
Die Zehntklässlerin schiebt ihren Kaugummi in den Mundwinkel und sieht sich um. Ihre Freunde grinsen. Sie können sich wahrscheinlich die Antwort schon denken. „Schule?“, fragt Sandra betont lässig. „Schule ist mir egal!“ Sie lässt eine Kaugummiblase platzen und fügt dann noch hinzu: „Wer von uns braucht denn später noch das ganze Zeug, das wir hier lernen müssen? Hä? Niemand!“ Zustimmendes Gelächter ringsum.

Auch Timmy nickt: „Dann weißt du sicher schon, welchen Beruf du mal lernen willst, oder?“
„Ich?“ Sandra zuckt mit den Schultern. „Kein Plan! Ich habe wirklich keine Ahnung, was ich mal werden will!“
„Woher weißt du dann, dass du das ganze Zeug nicht vielleicht doch mal brauchst?“

Timmy hat seine Frage ganz ruhig gestellt. Aber als Sandra anscheinend keine passende Antwort einfällt, fangen die Ersten an zu kichern.

„Also ich lerne nur für meine Eltern“, springt Erik aus der neunten Klasse ein. „Wenn ich keine guten Noten schreibe, dann fallen denen lauter fiese Dinge ein, um mich zum Lernen zu zwingen!“
„Was denn zum Beispiel?“ Erik muss nicht lange überlegen: „Hausarrest oder Netflixverbot. Manchmal nehmen sie mir auch das Handy für zwei Tage weg!“
Zustimmendes Gemurmel ringsum. Diese Methoden kennen viele. Timmy Tablet nickt.

„Und du?“ Er beugt sich zu einem Mädchen aus der achten Klasse hinunter. „Was sagst du zum Thema Schule? Für wen lernst du?“
„Ich?“ Adya schaut ihn aus großen, dunklen Augen an. Anscheinend hat sie nicht damit gerechnet, gefragt zu werden. Sie kann nicht so gut Deutsch. Adya erinnert sich an ihre Heimat, die sie erst letztes Jahr verlassen hat. Sie denkt an Pakistan, wo ihre Freundinnen noch immer von morgens bis abends arbeiten müssen, um ein bisschen Geld zu verdienen. Sie denkt an die Stadt Sialkot, wo sie oft von einem besseren Leben geträumt haben; davon, auf die Schule zu gehen, einen richtigen Beruf zu lernen, glücklich zu sein.
Es ist ganz ruhig geworden im Kreis der Schüler und Schülerinnen. Sogar Sandra hat mit dem Kaugummi-Kauen aufgehört.
Schüchtern sagt Adya schließlich: „Ich glaube, ich lerne für mich!“

Wie lautet das bekannte Gebot der Nächstenliebe?
Du kennst es doch bestimmt.

Antwort:
Du sollst deinen Nächsten lieben wie dich selbst.

Was könnten die letzten drei Wörter dieses Gebotes mit der Geschichte von Timmy Tablet zu tun haben?

Mögliche Antwort:
Man darf nicht nur an sich selbst denken, man SOLL es sogar tun! So wie Adya, die verstanden hat, dass sie für sich selbst lernt. Mit diesem Gebot möchte Gott allen Menschen zu Gutem verhelfen – den anderen und mir selbst!

Aufgaben:

- Erstelle eine Tabelle mit drei Spalten. Sammle Argumente für die drei verschiedenen Ansichten von Sandra (1. Spalte), Erik (2. Spalte) und Adya (3. Spalte) und schreibe sie in die entsprechende Spalte.
- Lies die Geschichte in dem Kasten. Welcher Arbeiter passt zu welchem Schüler/welcher Schülerin. Schreibe die passende Antwort in die Tabelle aus der ersten Aufgabe.

Drei Arbeiter bauen an einer großen Kirche. Der erste wird gefragt, was er denn hier mache: „Steine schleppen“, antwortet er unwillig und eilt weiter, zwei große Steine in den Händen.

„Geld verdienen, um meine Familie zu ernähren“, sagt der zweite. Ein schnelles Lächeln huscht über sein Gesicht, dann bückt er sich nach dem nächsten Stein.

„Ich“, meint der dritte und bleibt kurz stehen. Er wendet den Kopf nach oben. Der schlanke Kirchturm reckt sich in den blauen Himmel, weit oben glänzt ein goldenes Kreuz. In seiner Stimme schwingt ein bisschen Stolz mit, als er sagt: „Ich baue mit an einem Dom!“

(nach einer bekannten Geschichte)

- Schreibe ein kurzes Statement (ca. fünf Sätze) über deine eigene Meinung zum Thema Schule und Lernen.

Leben nach dem Tod

Glaubst du an ein Leben nach dem Tod?

Individuelle Antwort

Welche Gründe sprechen dagegen, dass es ein Leben nach dem Tod gibt?

Mögliche Antwort:
Es gibt keinerlei Beweise dafür. Es ist noch nie jemand gestorben und danach wieder zu uns auf die Welt gekommen. Unser Körper verwest nach unserem Tod.

Welcher Teil von uns könnte überhaupt weiterleben, da unser Körper ja verwest?

Mögliche Antwort:
Die Seele.

Was ist das überhaupt – die Seele? Kann man die Seele beschreiben?

Mögliche Antwort:
Der Duden definiert die Seele als Gesamtheit unseres Denkens, Fühlens und Empfindens, gleichbedeutend mit der Psyche. Für manche Religionen ist die Seele der unsterbliche, nicht körperliche Teil eines Menschen.

Welche Gründe sprechen dafür, dass nach unserem Leben auf dieser Welt nicht alles vorbei ist?

Mögliche Antwort:
Fast alle Religionen haben eine Vorstellung davon, dass mit dem Tod nicht alles aus ist. Auch die Bibel verspricht uns ein Weiterleben nach dem Tod. Viele Menschen berichten außerdem von sogenannten Nahtoderfahrungen. Sie waren dem Tod sehr nahe, wurden aber wiederbelebt und haben spannende Dinge erlebt.

Infobox Nahtoderfahrungen

Nahtoderfahrungen treten vor allem bei akuter Todesgefahr auf oder auch, wenn Menschen wiederbelebt werden. Auffallend viele Betroffene berichten von gleichen oder ähnlichen Erlebnissen. Viele haben den Eindruck, einen Tunnel zu durchfliegen, an dessen Ende ein helles, freundliches Licht wartet. Einige Betroffene berichten auch davon, dass sie anderen Personen, oft bereits verstorbenen Angehörigen, begegnen.
Beinahe allen Erfahrungen gemeinsam ist, dass die Menschen nicht mehr in ihr altes Leben zurückkehren möchten. Sie verlieren die Angst vor dem Tod, manche sehnen sich sogar danach.
Nahtoderfahrungen lassen sich medizinisch oder biologisch nicht vollständig erklären, obwohl sie seit vielen Jahren wissenschaftlich erforscht werden. Sie sind kein Beweis, aber ein starkes Argument dafür, dass ein Teil von uns auch nach dem Tod weiterexistiert.

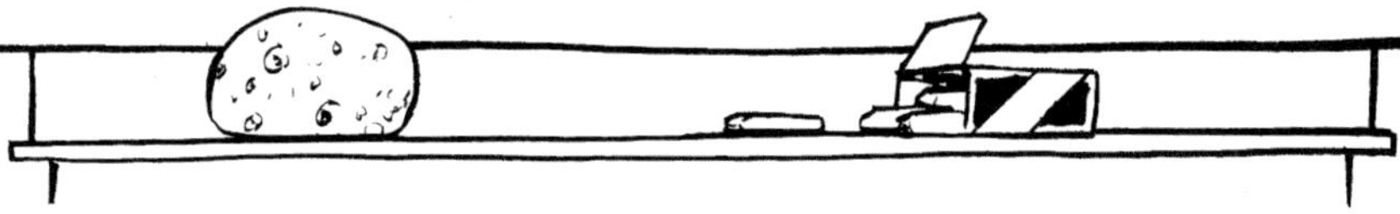

Es ist schon sehr erstaunlich, dass so viele unterschiedliche Menschen, mit ganz anderen Lebensgeschichten, Erfahrungen und Erlebnissen, uns von so vielen ähnlichen Dingen berichten können, die sie an der Grenze von Leben und Tod erlebt haben. Interessant ist auch, dass Menschen, die solche Erfahrungen gemacht haben, auch die Angst vor dem Sterben verlieren.

Vielleicht hat die Bibel doch recht – auch in diesem Punkt?
Vielleicht gibt es ja doch ein Weiterleben nach dem Tod. Vielleicht in einer ganz anderen Form, in einer neuen Art des Lebens, … Vorstellen können wir es uns kaum. Das heißt aber noch lange nicht, dass es deswegen unmöglich ist.

Oder?

Aufgabe:

★ Suche im Internet nach (seriösen/ernsthaften) Berichten von Nahtoderfahrungen. In welchen Punkten sind diese gleich, worin unterscheiden sie sich?

Vom Freund zum Verräter (Judas)

Warum braucht ihr 500 Follower bei Instagram?
Jesus hatte nur zwölf Jünger, und schon da war ein Einunddreißiger dabei!

? Was ist überhaupt ein Einunddreißiger?

Antwort:
Ein Verräter oder jemand, der untreu ist.

? Woher kommt diese Bezeichnung?

Antwort:
Aus dem Betäubungsmittelgesetz. Der Paragraf 31 regelt, dass Derjenige eine mildere Strafe bekommen kann, der durch seine Aussage zur Aufklärung der Straftat beiträgt oder weitere Straftaten verhindern hilft, z. B. indem er seinen Komplizen verrät.

? Der Paragraf 31 wird manchmal auch der Judas-Paragraf genannt. Hast du eine Idee, warum?

Mögliche Antwort:
Judas Iskariot, einer der zwölf Jünger, verriet Jesus an seine Feinde. Seither wird der Name Judas oft symbolisch für Verrat oder Verräter verwendet.

Judas ist bekannt geworden als der Mann, der Jesus verraten hat. So konnten seine Feinde ihn gefangen nehmen, verhören und foltern lassen, bis er schließlich am Kreuz starb. Deswegen wird Judas auch am Anfang des Kapitels als Einunddreißiger bezeichnet.

Aufgaben:

- ★ Wie unterscheidet sich die Begebenheit mit Judas von dem Paragrafen 31? Lies die Schilderung in Matthäus 26, 14–16 nach.
- ★ Schätzungen gehen davon aus, dass 30 Silberlinge etwa dem heutigen Wert von 10 000 Euro entsprechen. Würdest du deinen Freund oder deine Freundin für diesen Betrag verraten?
  Judas wurde nicht glücklich mit seinem Geld.
  Lies nach, was er damit gemacht hat und wie seine Geschichte endet, in Matthäus 27, 3–5.

Vater und Kinder

Was ist der Unterschied zwischen Erwachsenen und Kindern?

Mögliche Antwort:
Kinder sind jünger. Sie sind meistens kleiner und schwächer als Erwachsene. Kinder sind nicht einfach nur kleine Menschen. Sie sind ziemlich anders als Erwachsene. Sie haben andere Bedürfnisse als die Erwachsenen und eine ganz eigene Art, die Welt wahrzunehmen und sie zu erklären. Erwachsene sind älter und reifer. Sie haben Verantwortung für ihre Kinder.

Verstehen Kinder, warum die Eltern ihnen manche Dinge verbieten?

Mögliche Antwort:
Kinder verstehen oft nicht, warum ihnen bestimmte Dinge verboten werden. Oder warum man sie zu anderen Dingen zwingt. Den Sinn von Hausaufgaben sehen zum Beispiel viele überhaupt nicht ein. Doch selbst wenn sie den Sinn dahinter sehen, erledigen sie diese oft nicht. Sie haben nicht immer das große Ganze im Blick – und das brauchen sie auch nicht. Noch nicht. Deshalb sind sie ja schließlich Kinder und dürfen das hoffentlich auch ein Stück weit sein.

Verstehen Kinder alle Dinge, die ihre Eltern machen?

Mögliche Antwort:
Natürlich nicht! Das kann ja auch gar nicht sein. Kinder wissen noch nicht genug von der Welt, um alles zu verstehen, was ihre Eltern und andere Erwachsene machen.

Wir wissen doch fast alle, wie Kinder sind. Das ist schließlich nichts Neues!
Wie ist das dann mit Gott?
Wir alle finden es doch ganz normal, Gott mit Vater anzusprechen. Jesus selbst hat uns das ja immerhin vorgemacht. Wir beten das „Vater Unser“, ohne viel darüber nachzudenken. Wir haben meistens auch kein größeres Problem damit, wenn wir „Kinder Gottes“ genannt werden.

Warum schimpfen wir dann über manche Gebote, die uns Gott gegeben hat? Wenn er der Vater oder die Mutter ist, dann muss er es doch besser wissen.

Warum tun wir uns so schwer damit, dass wir Gott und sein Handeln eben nicht immer verstehen? Wir haben doch gerade festgestellt, dass es ganz normal ist, wenn Kinder nicht alles verstehen.

Gott hat uns versprochen, uns als seine Kinder anzunehmen. Er hat uns aber nicht versprochen, dass wir deswegen alles an ihm verstehen können. Eher im Gegenteil! Deswegen steht beispielsweise in der Bibel:

> 8 *Er sagt: „Meine Gedanken sind nicht eure Gedanken, und meine Wege sind nicht eure Wege.* 9 *Denn wie der Himmel die Erde überragt, so sind auch meine Wege viel höher als eure Wege und meine Gedanken als eure Gedanken.*
>
> *(Jesaja 55, 8–9, Hoffnung für alle)*

Eigentlich seltsam, dass wir Menschen uns damit so schwertun.

Aufgabe:

★ Erstelle eine Tabelle mit zwei Spalten:
In der linken Spalte sammelst du alle Dinge, in denen du mit Gottes Meinung und seinem Handeln einverstanden bist (sinnvolle Gebote und Regeln, schöne Bibelgeschichten; vielleicht aber auch, was er dir persönlich in deinem Leben schon Gutes getan hat).
In die rechte Spalte kommen die Dinge, bei denen du Gott und sein Handeln NICHT verstehen kannst (wieder können hier Gebote, Regeln und Geschichten stehen, aber auch persönliche Erlebnisse).
Welche der Spalten hat am Ende mehr Einträge?

Kirche und Bibel

Klasse 9

Angst: Daniel in der Löwengrube

Was bedeutet das Wort „Angst“?

Mögliche Antwort:
Angst ist ein Zustand, in dem man sich vor einer allgemeinen Bedrohung fürchtet. Das Gefühl der Furcht ist genauer, hier fürchtet man sich vor einer ganz bestimmten Gefahr.

Wann hast du dich das letzte Mal so richtig gefürchtet? Möchtest du uns davon erzählen?

Individuelle Antwort

Auch der Erzähler in der folgenden Geschichte hat sich schon mal gefürchtet. Aber hört es euch selbst an.

Ich habe mich schon oft gefürchtet. Einmal habe ich noch in besonders guter Erinnerung, obwohl es schon ein paar Jahre her ist. Ich erzähle es euch …

Es war in Afrika, in Tansania. Wir – also meine Frau und ich – haben dort Urlaub gemacht. Nach einer mehrtägigen, anstrengenden Bergtour sind wir auch auf Safari gegangen. Unser Tourguide Joe steuerte den Geländewagen und zeigte uns die Tierwelt seines Landes. Auf dem Beifahrersitz saß Lenny, der Koch, und auf der Rückbank nur meine Frau und ich.

Wir waren auf diese Weise schon einige Tage unterwegs gewesen, hatten in verschiedenen Nationalparks gezeltet und auch schon richtig viele Tiere gesehen. Wir hatten die riesigen Elefanten bestaunt und Flusspferde gesehen; es war uns gelungen, Löwen beim Jagen zu beobachten und Leoparden auf Bäumen zu entdecken.

Das Dach des Geländewagens war aufgeklappt und immer wenn wir Tiere entdeckten, hielt Joe an.
Meine Frau und ich konnten dann auf die Sitzbank klettern, unsere Köpfe und Oberkörper durchs offene Dach strecken und so den perfekten Rundumblick über die Savanne und die wilden Tiere genießen.

Auf einer unserer letzten Fahrten kamen wir zu einem Löwenpärchen. Es war noch relativ früh am Morgen, als ein ausgewachsener, aber noch junger Löwe sich dort mit einer Löwin vergnügte und sich von uns auch nicht aus der Ruhe bringen ließ. Joe brachte den Geländewagen ungefähr 20 Meter von den Löwen entfernt zum Stehen und schaltete den Motor ab. Wir kletterten auf die Sitze und beobachteten die Löwen beim Liebesspiel. Löwen hatten wir ja schon öfter gesehen, auch aus geringerer Entfernung, daher hatten wir keinerlei Bedenken. Irgendetwas musste den Löwen dann aber aus der Fassung gebracht haben.

Auf einmal drehte der nämlich den Kopf und starrte mit einem solch bösen Blick zu uns herüber, dass ich den Eindruck bekam, wir sollten vielleicht so langsam das Weite suchen. Meine Frau hatte den gleichen Eindruck, aber Joe war auf dem Fahrersitz in ein Buch vertieft und achtete überhaupt nicht auf den Löwen. Lenny war im Camp geblieben, um das Zelt abzubauen.
Der Löwe ließ von seiner Löwin ab und stand langsam auf.
Unter seinem glänzenden Fell zuckten die Muskeln, während er immer noch drohend zu uns herüber starrte. Mit zwei großen Sprüngen ist das Riesenvieh bei uns, dachte ich und wagte kaum noch, dem Löwen in die Augen zu schauen.
Als der schließlich tatsächlich zwei schnelle Schritte in unsere Richtung machte und dabei auch noch ein heißeres Fauchen ausstieß, bekamen wir es endgültig mit der Angst zu tun. Ganz langsam rutschten wir wieder ins Innere des Geländewagens, waren uns aber sehr wohl der Tatsache bewusst, dass unser Dach noch immer offenstand. Wenn er es darauf anlegte, wäre der Löwe tatsächlich in Sekundenbruchteilen bei uns auf der Rückbank …

Gott sei Dank war Joe mittlerweile auch auf das Schauspiel aufmerksam geworden. Ganz vorsichtig startete er den Geländewagen und wir traten den Rückzug an. „So aggressiv habe ich noch keinen Löwen erlebt", flüsterte er uns zu und wir waren wirklich froh, als wir ein paar Kilometer Savanne zwischen uns und den wütenden König der Tiere gebracht hatten.

Seitdem ich diese Begegnung in der Steppe von Tansania erlebt habe, lese ich die Geschichte von Daniel aus einem anderen Blickwinkel. Daniel hat es nicht nur mit einem Löwen zu tun, sondern mit einem ganzen Rudel. Er hat von niemandem Hilfe zu erwarten und abhauen kann er auch nicht. Er wird nämlich zu den Löwen in eine Grube geworfen.

Aber vielleicht lest ihr die spannende Geschichte lieber selbst:

1 *Nach Belsazars Tod wurde der Meder Darius König von Babylonien.*
Er war 62 Jahre alt, als er die Herrschaft antrat. 2 *Darius beschloss,*
120 Statthalter über die Provinzen seines Reiches einzusetzen. 3 *Sie*
waren drei hohen Beamten am Hof unterstellt, denen sie Rechen-
schaft geben mussten. Die drei vertraten die Interessen des Königs.
Einer von ihnen war Daniel. 4 *Bald stellte sich heraus, dass Daniel*
weitaus klüger und begabter war als die anderen Beamten und die
Statthalter. Der König dachte sogar daran, ihm die Verwaltung des
ganzen Reiches zu übertragen. 5 *Da suchten die anderen führenden*
Männer nach einem Grund, um Daniel anklagen zu können. Er übte
sein Amt jedoch so gewissenhaft aus, dass sie ihm nicht das kleinste
Vergehen nachweisen konnten; er war weder nachlässig noch be-
stechlich.

6 Da sagten sie sich: „Wir haben nichts gegen Daniel in der Hand, es
sei denn, wir finden in seinem Glauben etwas Anstößiges!“ 7 Sie
eilten zum König und begrüßten ihn: „Lang lebe König Darius! 8 Wir
kommen von einer gemeinsamen Beratung aller obersten Beamten,
Verwalter, Statthalter und deren Stellvertreter. Wir
schlagen dir vor, dass du folgende Anordnung
erlässt und alles tust, um sie durchzusetzen: Wer
in den kommenden dreißig Tagen eine Bitte an
irgendeinen Gott oder Menschen richtet außer an
dich, o König, soll in die Löwengrube geworfen
werden. 9 Damit das Verbot nach dem Gesetz der
Meder und Perser von keinem widerrufen werden
kann, sollte es in einer Urkunde festgehalten
werden.“

10 Da ließ Darius den Erlass niederschreiben, und
das Verbot trat in Kraft.
11 Als Daniel davon erfuhr, ging er in sein Haus. Das obere Stockwerk
hatte Fenster in Richtung Jerusalem, die offen standen. Hier kniete er
nieder, betete zu seinem Gott und dankte ihm, wie er es auch sonst
dreimal am Tag tat. 12 Plötzlich stürmten seine Feinde herein und
ertappten ihn dabei, wie er Gott anflehte.
13 Sofort gingen sie zum König und fragten: „Hast du nicht ausdrück-
lich befohlen, jeden den Löwen zum Fraß vorzuwerfen, der in den
kommenden dreißig Tagen eine Bitte an irgendeinen Gott oder Men-
schen richtet außer an dich, o König?“ „Ja“, antwortete Darius, „und
nach dem Gesetz der Meder und Perser kann keiner diesen Erlass
widerrufen.“ 14 Da erzählten sie: „Daniel, einer der Verbannten aus
Juda, macht sich überhaupt nichts aus deinem Verbot. Er setzt sich
darüber hinweg, obwohl du selbst es erlassen hast! Dreimal am Tag
betet er zu seinem Gott!“
15 Als der König das hörte, war er bestürzt. Den ganzen Tag dachte
er darüber nach, wie er Daniel retten könnte, aber bis zum Sonnen-
untergang hatte er immer noch keine Lösung gefunden. 16 Da kamen
die Männer wieder zum König gelaufen und erinnerten ihn noch ein-
mal daran, dass nach dem Gesetz der Meder und Perser kein könig-
licher Erlass abgeändert werden dürfe. 17 Darius befahl schließlich,
Daniel zu verhaften und in die Löwengrube zu werfen. Er sagte zu
Daniel: „Dein Gott, dem du so treu dienst, möge dich retten!“

18 Dann wurde ein Stein auf die Öffnung der Grube gewälzt. Der Kö-
nig versiegelte ihn mit seinem Siegelring, und die führenden Männer
taten dasselbe, damit niemand mehr Daniel herausholen konnte.
19 Danach zog sich Darius in seinen Palast zurück. Er fastete die
ganze Nacht, verzichtete auf jede Unterhaltung und konnte nicht
schlafen.
20 Im Morgengrauen stand er auf und lief schnell zur Löwengrube. 21
Schon von weitem rief er ängstlich: „Daniel, du Diener des lebendigen
Gottes! Hat dein Gott, dem du unaufhörlich dienst, dich vor den Lö-
wen retten können?“ 22 Da hörte er Daniel antworten: „Lang lebe der
König! 23 Mein Gott hat seinen Engel gesandt. Er hat den Rachen der
Löwen verschlossen, darum konnten sie mir nichts anhaben. Denn
Gott weiß, dass ich unschuldig bin, und auch dir gegenüber, mein
König, habe ich kein Unrecht begangen.“
24 Darius war glücklich und erleichtert. Sofort befahl er, Daniel aus
der Löwengrube zu holen. Man fand nicht die geringste Verletzung an
ihm, denn er hatte auf seinen Gott vertraut. 25 Auf Befehl des Königs
wurden die Männer, die Daniel verklagt hatten, zusammen mit ihren
Frauen und Kindern den Löwen zum Fraß vorgeworfen. Noch ehe sie
den Boden der Grube berührt hatten, fielen die Tiere schon über sie
her und zermalmten ihnen alle Knochen.
26 Dann sandte König Darius eine Botschaft an die Menschen aller
Völker, Länder und Sprachen. Sie lautete:
„Ich wünsche euch Glück und Frieden!
27 Hiermit ordne ich an, in meinem ganzen Reich dem Gott Daniels
Ehrfurcht zu erweisen! Denn er ist der lebendige Gott, der in alle
Ewigkeit regiert. Sein Reich geht niemals unter, seine Herrschaft
bleibt für immer bestehen. 28 Er rettet und befreit, er vollbringt Zei-
chen und Wunder, sowohl im Himmel als auch auf der Erde. Daniel
hat er aus den Klauen der Löwen gerettet.“
29 Während der Regierungszeit von Darius und auch unter der Herr-
schaft des persischen Königs Kyrus genoss Daniel hohes Ansehen.

(Daniel 6, 1–29, Hoffnung für alle)

Aufgabe:

★ Gibt es zurzeit auch „Löwen“ in deinem Leben?
Dinge, vor denen du dich fürchtest?
Tage, die du lieber schon hinter dir hättest?
Menschen, denen du lieber nicht begegnen willst?
Druck dir das Bild eines großen Löwen aus dem Internet aus. Schreibe dann alle Dinge, Tage und Menschen dazu, welche dir Angst machen.
Schneide dann aus Papier Streifen. Beschrifte die Streifen mit Sachen, die gegen deine Angst helfen können. (zum Beispiel: Freunde, Eltern, Lernen, Gott, Beten, Gespräche, Schulsozialarbeiter, Vertrauenslehrer, …)
Bringe anschließend deinen „Angst-Löwen“ hinter Gitter, indem du die Papierstreifen wie Gitterstäbe auf den Löwen klebst. Dein „Angst-Löwe“ soll noch sichtbar sein, aber er soll dir keine Angst mehr machen.

Menschenbild im Hinduismus

Was ist Gerechtigkeit?

Mögliche Antwort:
Wenn alle gleich behandelt werden. Wenn jeder bekommt, was er verdient.

Was ist dann Ungerechtigkeit?

Mögliche Antwort:
Das Gegenteil von Gerechtigkeit.

Warum sollen eigentlich alle Menschen gleich behandelt werden?

Mögliche Antwort:
Weil alle Menschen gleich viel wert sind. Das steht auch in unserem Grundgesetz, in der Verfassung von Deutschland. Diese Verfassung ist in manchen Teilen stark beeinflusst von der Bibel und dem christlichen Menschenbild.

Wie denken denn Menschen in anderen Teilen der Welt darüber?

Mögliche Antwort:
Eine kleine Geschichte, die uns mitnimmt in einen ganz anderen Teil der Welt …

*Es ist heiß.
Heiß und staubig, hier mitten in der Großstadt Jaipur, im Norden von Rajasthan. Rajasthan bedeutet in etwa „Land der Könige“ und es ist ein Bundesstaat von Indien. Indien, das riesige Land in Asien, ein Land, in dem vieles so ganz anders läuft als hier bei uns in Deutschland und Europa.*

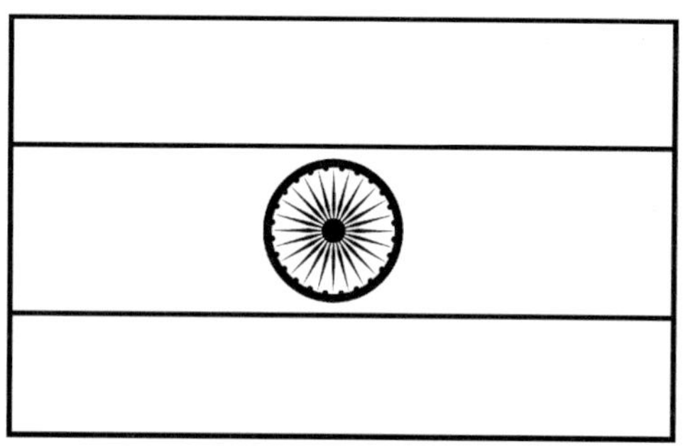

Die Straße zum Beispiel ist voller Schlaglöcher und der Verkehr chaotisch. Mopeds, auf denen manchmal drei, vier oder fünf Leute mitfahren, drängen sich durch die Straßen. Autos hupen, unzählige Fahrräder kurven dazwischen herum.

Man sieht auch hier mitten in der Großstadt viele Kühe, die vollkommen frei herumlaufen, weil es heilige Tiere sind. Gar nicht selten streifen ganze Gruppen von Affen auf der Suche nach Essbarem durch die Straßen. Deswegen haben fast alle Häuser vergitterte Balkone. Selbst Kamele und zahme Elefanten sieht man hier im Straßenverkehr.

Die vielen Fußgänger tragen für unsere Begriffe seltsame Gewänder und es herrscht ein ziemliches Gedränge, Gehupe und manchmal auch ein ziemlicher Gestank auf der Straße.

Hier, im Haus neben der Straße, ist es dagegen ruhig. Nur eine alte Dienerin steht in der Küche und kocht. Aber heiß ist es auch hier drinnen. Der Schweiß steht ihr auf der Stirn und vom Putzen der Wohnung tut ihr noch der Rücken weh. Obwohl sie mittlerweile über 60 ist, wird sie von allen nur Pinki gerufen, für ihren richtigen Namen scheint sich niemand zu interessieren.

Die Dienerin hat Hunger. Sie steht zwar am Herd und kocht und die Regale in der Wohnung sind gut gefüllt mit Nahrungsmitteln. Aber sie darf auf gar keinen Fall ungefragt davon essen. Erst wenn ihre Herren es erlauben, darf sie sich etwas nehmen. Also kocht sie weiter, während ihr der Magen knurrt.

Endlich hört sie Schritte auf der Treppe. Mit einem Knall geht die Tür auf und Jalay stürmt ins Zimmer. Er ist der Sohn des Hausherrn und gerade mal zwölf Jahre alt. Schon an seiner Kleidung sieht man, dass er aus einer reichen Familie kommt. Jalay setzt sich auf einen Stuhl in der Küche, ohne die Dienerin zu grüßen. Auch er schwitzt und er schnappt sich ein Glas, hält es in die Luft und schreit lauthals „Pinki!“

Sofort lässt die Dienerin alles stehen und liegen, ergreift einen Krug mit Wasser und füllt sein Glas. Kaum hat Jalay ausgetrunken, bringt sie ihm einen Teller mit Essen und bleibt dann abwartend stehen, ob Jalay noch etwas braucht.

Als der ihr schließlich mit vollem Mund mit einer Handbewegung zu verstehen gibt, dass er zufrieden ist, kann sie sich entfernen. Ihr Magen knurrt noch immer.

Als Jalay fertiggegessen hat, darf sich endlich auch Pinki etwas zu essen nehmen. Weil sie aber keinen der schönen Teller der Familie benutzen darf, füllt sie ihre Portion in einen alten Blechnapf, wie ihn bei uns vielleicht ein Hund bekommt.

Sie sucht sich einen Platz zum Essen. Obwohl am Tisch in der Küche noch genügend freie Stühle stehen, weiß Pinki genau, dass sie sich auf keinen Fall an den Tisch setzen darf. Stattdessen muss sie sich zwischen Kühlschrank und Mülleimer auf den dreckigen Fußboden setzen und dort essen, während Jalay – der ihr Enkel sein könnte – keine zwei Meter entfernt auf seinem Stuhl lümmelt, in sein Handy starrt und sie nicht einmal anschaut.

Ist dieses Verhalten gerecht?
Jalay würde sagen: Ja!
Pinki würde auch sagen: Ja!
Beide gehören der Religion Hinduismus an.
Eines der wesentlichen Merkmale im Hinduismus ist das sogenannte Kastenwesen. Das bedeutet, dass die Menschen von Geburt an in verschiedene Stufen eingeteilt sind, so wie Jalay und Pinki.

Die Situation aus der Geschichte ist dort ganz normal. Jalay gehört zu einer höheren Kaste als Pinki, und deswegen muss sie ihn so behandeln.
Für Jalay und Pinki ist das nicht komisch oder ungerecht. Es ist für sie ganz normal und fair.
Habt ihr das soweit verstanden?
Gut!

Infobox Kastenwesen im Hinduismus

Die Hindus – so nennt man die Anhänger des Hinduismus – glauben an die Wiedergeburt. Das heißt, sie glauben, dass alle Menschen nach ihrem Tod wiedergeboren werden auf dieser Welt. Das hat viel mit dem Kastenwesen zu tun. Hat sich ein Mensch nämlich gut verhalten, wird er in eine höhere Kaste wiedergeboren, und umgekehrt. Jeder bekommt also in seinem nächsten Leben genau das, was er verdient. Deswegen wird es der Dienerin Pinki nie einfallen, sich zu beschweren. Sie glaubt, dass sie ihr Schicksal verdient hat, und versucht, sich jetzt gut zu verhalten, um im nächsten Leben in eine höhere Kaste wiedergeboren zu werden. Offiziell ist das Kastenwesen in Indien zwar abgeschafft, inoffiziell aber ist es nach wie vor wirksam.

Aufgaben:

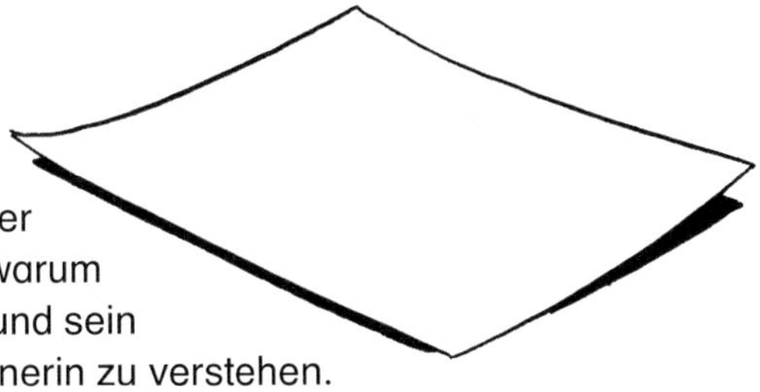

- ⋆ Schreibe Jalay einen Brief. Erkläre ihm, was deiner Meinung nach Gerechtigkeit bedeutet. Versuche auch, ihm zu verdeutlichen, woher unsere Einstellung kommt. Erkläre, warum wir uns schwertun, seine Ansichten und sein Verhalten gegenüber der älteren Dienerin zu verstehen. Folgende Begriffe kannst du in deinem Brief verwenden: Grundgesetz, christliches Menschenbild, Nächstenliebe, ewiges Leben, …
- ⋆ Überlege dir, ob es vielleicht auch bei uns eine Art inoffizielles Kastenwesen gibt. Sind bei uns wirklich alle Menschen gleich viel wert oder gibt es da auch Unterschiede? Notiere dir Stichworte. Vielleicht könnt ihr darüber auch eine stumme Diskussion an der Tafel führen.

Lehren aus dem Buddhismus

Welches ist wohl das wichtigste der Zehn Gebote?

Mögliche Antwort:
Eine schwierige Frage, die man vielleicht überhaupt nicht beantworten kann. Mit ziemlicher Sicherheit aber würde kaum jemand dem Gebot „Du sollst nicht begehren deines Nächsten Frau, Knecht, Magd, Vieh noch alles, was dein Nächster hat" einen der vorderen Plätze geben.
So wichtig kann es doch nicht sein, dass man nicht neidisch auf andere sein soll. Oder vielleicht doch?

Warum verstoßen Menschen gegen das Gebot: „Du sollst nicht stehlen"?

Mögliche Antwort:
Letzten Endes ziemlich oft aus Neid; aus Unzufriedenheit mit dem eigenen Besitz und aus Gier nach dem, was Anderen gehört.

Aus welchen Gründen begehen Menschen Ehebruch?

Mögliche Antwort:
Auch bei diesem Gebot spielt Neid eine bedeutende Rolle. Wer zufrieden mit der eigenen Ehe ist, hat wenig Grund, diese oder eine fremde Ehe zu brechen.

Warum werden Menschen ermordet? Warum erzählt man „falsch Zeugnis" – also Unwahrheiten – über andere?

Mögliche Antwort:
Auch beim Brechen dieser Gebote geht es letzten Endes oft um Neid, wenn man genauer hinschaut.
Oder nicht?

Vielleicht ist das Gebot, in dem es um den Neid auf unsere Mitmenschen geht, doch wichtiger, als man auf den ersten Blick vermutet.
Eigentlich ist es ein Aufruf zur Zufriedenheit. Man soll mit dem Eigenen zufrieden sein und nicht neidisch auf den Anderen sehen.

Der Buddhismus sieht im Neid, in der Gier, die Wurzel allen Leidens. Diese Wurzel muss man erkennen und bekämpfen, um so irgendwann ins Nirwana, ins Paradies, zu kommen. Die Regeln, an welche sich die Buddhisten halten sollen, sind im sogenannten achtfachen Pfad festgehalten.

Sie sind zum Teil fast genau gleich wie die christlichen Gebote. Das Töten wird verboten, das Stehlen, das Verleumden, die Bosheit und noch manches mehr. Wer sich an diese Regeln hält, wird im nächsten Leben als besserer Mensch wiedergeboren. Wenn man irgendwann ein vollkommenes Leben nach dem achtfachen Pfad führt, wird man nicht mehr wiedergeboren, sondern erreicht schließlich das Nirwana, das Ende des Leidens.

So ähnlich sich die Regeln von Buddhismus und Christentum auch sein mögen, es gibt doch auch große Unterschiede.
Ein Buddhist glaubt, dass er sich durch eigene Leistung irgendwann das Paradies verdienen kann. Er muss sich nur genug anstrengen und sich immer gut verhalten. Dann wird er im nächsten Leben als ein besserer Mensch geboren. Dort muss er sich wieder anstrengen, und so weiter, bis er irgendwann ins Nirwana kommt. Christen sollen sich an einige ähnliche Regeln halten. Aber sie müssen sich den Himmel nicht verdienen. Das können sie gar nicht, weil kein Mensch es schafft, alle Gebote immer einzuhalten. Christen glauben, dass Jesus ihnen den Weg in den Himmel bereits geöffnet hat und dass sie dieses Geschenk nur noch anzunehmen brauchen.

Wenn man sich umschaut auf der Welt, und auch wenn man ganz ehrlich sein eigenes Leben betrachtet, könnte man zu dem Schluss kommen, dass unser Christentum die Menschen vielleicht doch realistischer einschätzt als der Buddhismus. Vielleicht können wir auch froh daran sein, dass wir uns unseren Platz im Himmel bei Gott nicht selbst verdienen müssen, oder?
Ich bin mir jedenfalls ziemlich sicher, dass ich das nicht schaffen würde.

Infobox Ursprünge des Buddhismus

Der Buddhismus geht zurück auf Siddhartha Gautama, einen Prinzen aus dem Grenzgebiet von Indien und Nepal, der einige hundert Jahre vor Jesus Christus gelebt hat. Ganz genau weiß man nicht, wann er geboren und wann er gestorben ist. Siddhartha Gautama war ein Hindu und suchte nach Erleuchtung und einem Weg zum Nirwana. Nach einer mehrere Tage dauernden Meditation glaubte er, diesen Weg gefunden zu haben. Er lehrte seine Jünger diesen Weg, auf welchem sie durch ein gutes Leben und mehrere Wiedergeburten irgendwann das Nirwana erreichen sollten, einen Zustand ewigen Glücks. Die Menschen nannten ihn jetzt den Buddha, den Erleuchteten.
Er wird nicht als Gott gesehen, aber gläubige Buddhisten möchten seiner Lehre folgen. Sie verehren ihn in Form einer Statue, meditieren und beten zu ihm.

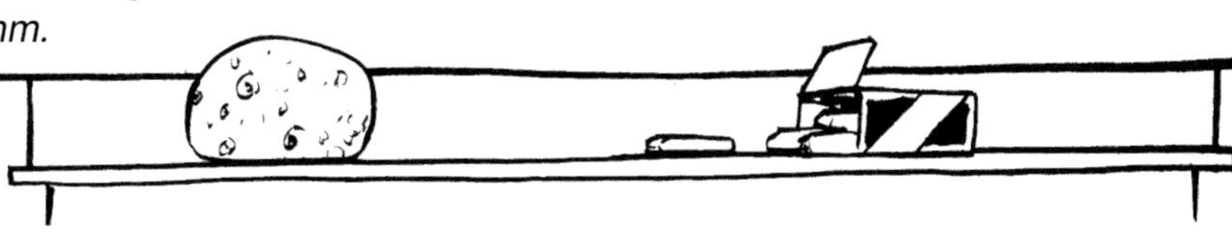

Gesetz oder Gewissen?

Was ist wichtiger, Gesetz oder Gewissen?

Individuelle Antwort

Ist das nicht fast immer das gleiche, zumindest bei uns in Deutschland?

Individuelle Antwort

Fällt dir eine Situation ein, in der man vielleicht eher seinem Gewissen als dem Gesetz folgen möchte?

Individuelle Antwort

Wie war das wohl früher bei uns in Deutschland – zum Beispiel in der DDR?

Mögliche Antwort:
Eine kleine Geschichte dazu:

Er rannte um seine Freiheit.
Er kämpfte um sein Leben.
Und er verlor.

Peter Fechter, der 18-jährige Soldat aus Ostberlin, der seinem Land den Rücken kehren wollte und deswegen von seinen eigenen Kameraden angeschossen wurde. Wehrlos um Hilfe rufend, verblutete er unter den Augen zahlreicher geschockter Zuschauer aus Ost- und Westberlin.

Die meisten kennen sie nur aus dem Geschichtsunterricht – die Berliner Mauer! Über mehrere Jahrzehnte hinweg trennte sie die Stadt Berlin in zwei Teile. Ostberlin gehörte zur DDR, Westberlin zur BRD, obwohl es weit innerhalb der DDR lag. Ein Ergebnis des Zweiten Weltkriegs war die Aufteilung Deutschlands in verschiedene Teile. Weil Berlin die Hauptstadt war, wurde es eben auch aufgeteilt.

Schon relativ bald stellte sich aber heraus, dass es den Menschen im Westen, in der BRD, viel besser ging als denjenigen im Osten. Sie hatten mehr Geld, mehr Freiheit und wurden von ihrer Regierung nicht unterdrückt. Ganz anders sah es im Osten aus.

Aus diesem Grund verließen immer mehr Menschen ihre Heimat im Osten und siedelten in den westlichen Teil Deutschlands um oder eben nach Westberlin. Um diese Menschen aufzuhalten, ließ die ostdeutsche Regierung eine Mauer um Westberlin bauen. Ebenso wurde die gesamte Grenze zwischen Ost- und Westdeutschland schwer bewacht.

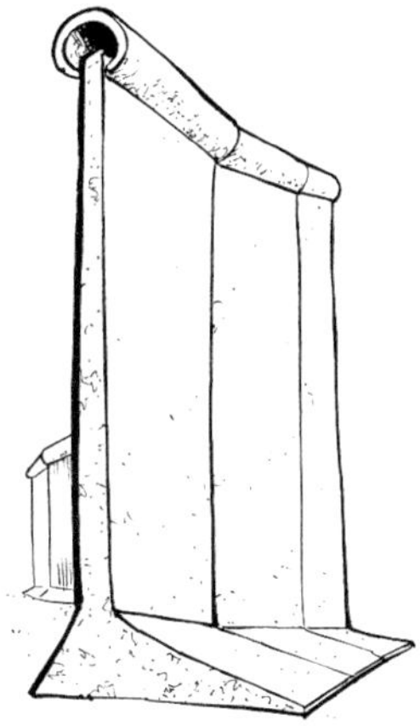

Die ostdeutschen Soldaten, die dort Dienst hatten, hatten vor allem eine Aufgabe: Sie mussten verhindern, dass Menschen aus ihrem eigenen Land in den Westen flüchteten. Dazu mussten sie im Notfall auf diese Menschen schießen!

So war es Peter Fechter ergangen.
Es gab noch viele andere Todesopfer an dieser Grenze. Menschen wurden von ihren eigenen Landsleuten erschossen, nur weil sie in ein anderes Land gehen wollten.
Eine schreckliche Bilanz!

Diese Grausamkeiten konnten allerdings nicht verhindern, dass Menschen gegen die Regierung der DDR protestierten und irgendwann auch gewannen. Die DDR wurde aufgelöst. Manche der sogenannten Todesschützen standen später vor Gericht. Sie mussten sich dafür verantworten, dass sie auf unschuldige Menschen geschossen hatten.

Andererseits hatten sie nur Befehle und Anweisungen befolgt. Hätten sie nicht gehorcht, wären sie selbst bestraft worden. So gesehen, hatten sie alles richtig gemacht.
Oder?

Aufgabe:

- ★ Stell dir vor, du wärst Richter. Vor deinem Gericht steht ein Angeklagter, der damals in der DDR Soldat war und an der Grenze jemanden erschossen hat, der fliehen wollte.
  Er hat einen unbewaffneten Menschen umgebracht und ist wegen Mordes angeklagt.
  Sein Anwalt möchte aber einen Freispruch, weil der Angeklagte ja nur seine Pflicht getan hat.
  Wie entscheidest du als Richter?
  Wie begründest du dein Urteil?
- ★ Mach dir über folgende Fragen gemeinsam mit deinem Sitznachbarn Gedanken:
  - Woher haben wir Menschen eigentlich ein Gefühl für Gut und Böse?
  - Warum stufen wir einige Handlungen als gut ein, andere als böse – unabhängig von unserer Erziehung, Religion, Herkunft, ...?
    Eine mögliche Antwort steht in der Bibel, fast ganz am Anfang. Lies dir doch mal die Geschichte von Adam und Eva im Paradies durch. Achte darauf, von welchem Baum sie verbotene Früchte essen.

Impuls:

- ★ Im preisgekrönten Film „Das Leben der Anderen" muss sich die Hauptperson ebenfalls zwischen Gesetz und Gewissen entscheiden. Der Film passt auch sehr gut in den Geschichtsunterricht.

Von einem Star, seinen Fans und seinen Groupies

Wärst du gerne ein Star, ein echter Promi?

Individuelle Antwort

Kannst du deine Antwort begründen?

Individuelle Antwort

Wie wird man eigentlich zum Star? Was braucht man denn dafür?

Mögliche Antwort:
Hilfreich ist auf jeden Fall Talent; irgendetwas, das man besonders gut kann: Singen, Schauspielern, Reden, Sport. Ein attraktives Aussehen kann ebenfalls ziemlich wichtig sein, ebenso eine gute Ausstrahlung; schließlich machen erst die Fans jemanden zum Star – und Fans bekommt man nur, wenn man sie entsprechend beeindrucken kann. Außerdem gehört natürlich auch Glück dazu, keine Frage. Auch Disziplin ist wichtig, ein Sportler muss hart trainieren, ein Musiker üben, ein Schauspieler ebenso. Ganz schön viele Dinge sind also nötig, um aus einem Durchschnittsmenschen einen Star zu machen.

Welche Personengruppen gehören zum Umfeld eines Stars?

Mögliche Antwort:
Am wichtigsten sind wohl die Fans. Erst diese machen ja den Star zum Star. Außerdem sind da noch die Groupies – eine Art extreme Fans, die ganz besonders begeistert von ihrem Star sind und so einiges für ihn tun würden. Manchmal gibt es auch Stalker, die es mit der Zuneigung zum Star wirklich übertreiben. Dann gibt es noch Manager, die dem Star helfen, bekannt zu bleiben und sich gut zu vermarkten.
Wer entsprechend prominent ist, macht meist auch Bekanntschaft mit den Paparazzi, die Fotos schießen möchten, um sie später zu verkaufen. Schließlich gibt es auch noch die Hater, die dem Star sein Glück nicht gönnen und ihm schaden möchten.

Seit wann gibt es eigentlich so richtige Stars?

Mögliche Antwort:
Weil Stars zum Bekanntwerden Medien brauchen, gibt es sie noch gar nicht so lange. Erst kurz vor dem Ersten Weltkrieg, zur Zeit der Stummfilme, wurden die ersten Stars im heutigen Sinne bekannt.

Jesus Christus hat sehr lange vor dem Ersten Weltkrieg gelebt. Könnte man ihn trotzdem als eine Art Star bezeichnen? Was meinst du?

Individuelle Antwort

Ob man Jesus als Star bezeichnen kann, muss wohl jeder selbst entscheiden. Dass er in jedem Fall eine ganz besonders beeindruckende Gestalt war, kann man wohl nicht bestreiten. Heutige Stars müssen oft schon nach wenigen Jahren darum kämpfen, bekannt zu bleiben. Jesus dagegen ist schon seit 2000 Jahren fast auf der ganzen Welt bekannt – das muss ihm erst mal jemand nachmachen!

Infobox Markusevangelium

Das Markusevangelium ist das kürzeste und gleichzeitig das älteste erhaltene Evangelium. Die Verfasser des Matthäus- und des Lukasevangeliums kannten vermutlich das Markusevangelium bereits und haben Teile daraus übernommen und manchmal aus ihrer eigenen Sicht ergänzt oder verändert. Weil sich diese drei Evangelien sehr ähnlich sind, nennt man sie auch die „synoptischen“ Evangelien. „Synopse“ kommt aus dem Griechischen und bedeutet „Zusammenschau“, weil man diese drei Evangelien praktisch nebeneinanderlegen und vergleichen könnte.
Besonders ausführlich berichtet Markus über die Ereignisse rund um die Kreuzigung von Jesus.
Das Markusevangelium wurde vermutlich von einem unbekannten Christen ungefähr um das Jahr 70 n. Chr. geschrieben.

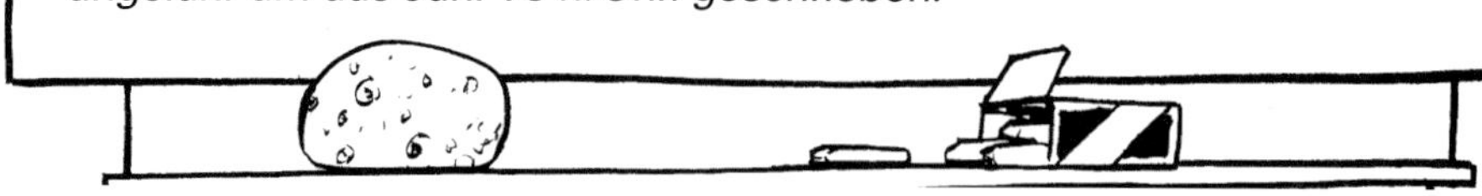

Aufgabe:

- Mach dir noch mal Gedanken darüber, ob man Jesus als Star bezeichnen könnte. Folgende Fragen und Bibelstellen können dir helfen:
  - Hatte Jesus viele Fans, d. h. Menschen, die von ihm begeistert waren? Lies dazu Markus 11, 7–10.
  - Hatte Jesus Groupies, also Leute, die alles für ihn zurückgelassen haben? Lies dazu Markus 1, 16–20.
  - Hatte Jesus Hater, die ihm nur Böses wünschten? Lies dazu Markus 3, 1–6.
  - Paparazzi gab es zu der Zeit von Jesus noch nicht. Aber vielleicht trotzdem jemanden, der Dinge weitererzählte, obwohl Jesus es nicht wollte. Lies dazu Markus 1, 45.

Das Kreuz als Symbol

Würdest du dich tätowieren lassen?

Individuelle Antwort

Wenn ja, wohin?

Individuelle Antwort

Was für ein Tattoo würdest du dir stechen lassen? Welches Motiv würde dir gefallen?

Individuelle Antwort

Was hältst du von einem kleinen Kreuz als Motiv?

Mögliche Antwort:
Ein bei vielen Menschen beliebtes Symbol für eine Tätowierung ist tatsächlich das Kreuz. Auch viele Jugendliche können sich dieses christliche Symbol gut als Tattoo am eigenen Körper vorstellen, obwohl sie selbst gar nicht unbedingt christlich sind. Das Kreuz ist irgendwie energetisch, das bedeutet, dass dieses Symbol eine bestimmte Kraft transportiert und auf etwas Höheres hinweist.

Und wie wäre ein elektrischer Stuhl?

Mögliche Antwort:
Stirnrunzeln und anfängliches Unverständnis weichen nach wenigen Augenblicken erstem Erkennen. Stimmt – beide Gegenstände dien(t)en dazu, Menschen umzubringen. Allerdings mit einem Unterschied: Der elektrische Stuhl wurde erfunden, um verurteilte Verbrecher möglichst schnell und ohne großes Leiden umzubringen. Sie sollten möglichst schnell und würdig vom Leben in den Tod befördert werden. Das war zumindest das Ziel.
Das Kreuz dagegen war ein Hinrichtungs- und Folterinstrument. Die Gekreuzigten sollten möglichst lange leiden, möglichst hart bestraft werden – und alle konnten ihnen beim Leiden und Sterben zusehen.

Ein grausames Instrument also, dieses Kreuz! Und trotzdem als Motiv so beliebt. So beliebt, weil Jesus den Tod am Kreuz erlitten und besiegt hat. Weil er den Menschen die Hoffnung auf ein Weiterleben nach dem Tod gebracht und es ihnen am eigenen Leib demonstriert hat.

Aufgaben:

- Frag doch mal in deiner Klasse nach, ob jemand ein Kreuz trägt; als Anhänger an einer Halskette, als Motiv am Armband, als Schlüsselanhänger oder als Tattoo?
- Bring zur nächsten Religionsstunde einen Screenshot von deinem Lieblings-Kreuzbild mit. Du wirst erstaunt sein, wo dieses Motiv überall zu finden ist.

EKG (Ostern / Auferstehung)

Was ist ein EKG?

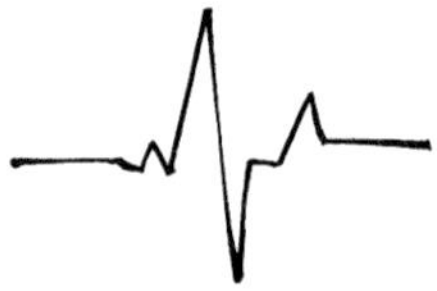

Antwort:
Ein Elektrokardiogramm, bei dem die elektrische Tätigkeit des Herzens aufgezeichnet wird.

Kennst du jemanden, bei dem so etwas schon einmal gemacht wurde?

Individuelle Antwort

Was kann man bei einem Langzeit-EKG an den gespeicherten Daten erkennen?

Antwort:
Die Tätigkeit des Herzens über einen längeren Zeitraum von 1–7 Tagen. Man sieht am Puls auch, wann der Mensch aufgeregt war, wann er ruhig war usw.

Kann man anhand der Daten auch erkennen, von welchem Mensch sie stammen?

Antwort:
Im Normalfall natürlich nicht! Das Herz jedes Menschen schlägt mal schneller und mal langsamer, je nach dem, was der Mensch erlebt und fühlt.

Wenn man von allen Menschen, die jemals gelebt haben, ein Langzeit-EKG über mehrere Tage hätte, würde sich ein einziges von allen anderen unterscheiden. Welches?

Antwort:
Das EKG von Jesus von Nazareth!

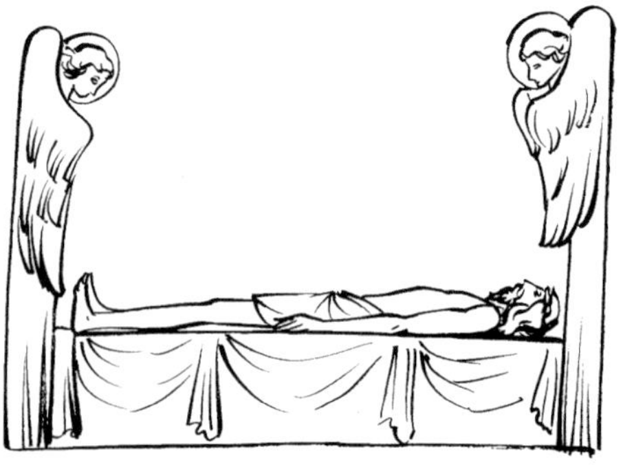

Was ist so einzigartig daran? Was unterscheidet es von den EKGs aller anderen Menschen?

Antwort:
Sein Herz hat aufgehört, Blut durch seinen Körper zu pumpen, als er gestorben ist. So wie bei allen Menschen, die sterben.
Aber es hat nach drei Tagen wieder angefangen zu schlagen. Von Freitagnachmittag bis Sonntagmorgen war das Herz von Jesus untätig – und dann hat es wieder angefangen zu arbeiten!
Das gab es bisher noch nie.

Aufgabe:

- ★ Die letzten Tage vor seiner Kreuzigung und Auferstehung waren für Jesus wohl ein ziemliches Gefühlschaos. Von großer Freude, über Wut und Trauer, Todesangst und Ergebung in sein Schicksal.
  Erstelle eine Tabelle mit acht Spalten. Jede Spalte steht für einen Wochentag. Spalte 1 ist der Palmsonntag, Spalte 8 der Ostersonntag. Schreibe jetzt in jede Spalte, was Jesus erlebt hat (Stichworte) und welche Gefühle er dabei wohl hatte.
  - Du kannst in einer Bibel nachschauen, zum Beispiel im Markusevangelium von 11 bis 16. Das Internet kann dir aber bestimmt auch helfen …
  - An einem Tag brauchst du überhaupt nichts aufzuschreiben. Welcher könnte das sein?

Gottes Lupe

Gehst du gern in die Schule?

Individuelle Antwort

Wie wichtig sind dir gute Noten?

Individuelle Antwort

Er malt Strichmännchen an die Tafel, der Religionslehrer. Ganz viele, eng beieinander. Dann noch eines, ein bisschen größer und mit deutlichem Abstand zu den anderen. „Was fällt auf?", fragt er und schaut seine Klasse aufmunternd an.

„Mobbing" tönt es aus der letzten Reihe.
„Der hat keine Freunde", meint jemand ganz vorne.
„Das ist Lukas aus der Parallelklasse", mischt sich eine dritte Schülerstimme ein, fängt aber einen warnenden Blick des Lehrers auf und verstummt gleich wieder.
„Quatsch", meldet sich wieder die letzte Reihe. „Das ist doch der Lehrer. Deswegen ist der auch größer!"
„Stimmt. Lehrer haben ja keine Freunde!"
Gelächter. Dann Schweigen.

Wie wird er reagieren, der Herr Schwarzenbolz? Doch der bleibt ganz ruhig. „Genau. Gut aufgepasst. Lehrer und Lehrerinnen haben vielleicht keine Freunde im Klassenzimmer. Aber sie haben Schülerinnen und Schüler. Und soll ich euch mal was verraten? Manchmal haben sie die sogar ganz gern." Er lächelt: „Schließlich haben sich Lehrer diesen Beruf ja ausgesucht." Immer noch grinsend schaut er die Klasse an. Hier und da breitet sich ein leichtes Grinsen aus. Dann fährt Herr Schwarzenbolz fort: „Deswegen hoffen sie ja auch, dass sich alle in der Klasse gut aufgehoben fühlen und Freunde finden. Es ist doch schön, wenn man sich auf seine Klasse verlassen kann und alle zusammenhalten. Oder?" Zustimmendes Nicken ringsum.

„Die ganze Sache ist sogar noch besser", fährt er fort und geht wieder zur Tafel. Mit schnellen Strichen skizziert er noch ein Haus um die Strichmännchen.

„Ihr dürft euch nicht nur in eurer Klasse beschützt und geborgen fühlen, sondern auch in der Schule." Er zeigt auf das skizzierte Gebäude an der Tafel. „Das Dach schützt euch vor dem Regen und hier drinnen sind alle Erwachsenen nur dazu da, um euch zu helfen. Alle haben nur eine Aufgabe, nämlich dafür zu sorgen, dass ihr möglichst gut und geschützt lernen könnt."
Er macht eine kurze Pause und schaut die Klasse herausfordernd an. „Hab' ich nicht recht?" Zögerndes Nicken in der ersten Reihe, widerstrebendes Gemurmel von weiter hinten. Beschwichtigend hebt der Lehrer die Hand: „Ich weiß, nicht alle Lehrerinnen und Lehrer sind gleich beliebt und wir alle machen Fehler. Aber so ganz im Groben habe ich doch recht, oder?" Das Gemurmel verstummt.

Herr Schwarzenbolz fährt fort: „Es könnte alles so schön sein. Aber dieser nette Zustand hat bald ein Ende!"
Fragende Blicke richten sich auf die Tafel, wo der Lehrer einen großen Kreis zeichnet. In den Kreis malt er wieder ein Strichmännchen, größer diesmal. Dann bekommt der Kreis noch eine Art Griff.

„Das ist eine Lupe", erklärt Herr Schwarzenbolz. „In gar nicht allzu langer Zeit werdet ihr nämlich diese Schule verlassen. Eure Klasse wird es nicht mehr geben, eure Freunde sind vielleicht ganz woanders und ihr steht zuerst mal allein da."
Der Lehrer macht eine kurze Pause.

„Ihr steht aber nicht nur allein da, sondern ihr werdet auch ganz genau angeschaut, wie unter einer Lupe. Eure Noten zählen dann. Sie entscheiden mit darüber, ob ihr einen Ausbildungsplatz bekommt oder ob ihr auf einer weiterführenden Schule angenommen werdet. Es hilft dann nicht mehr zu sagen, der Lehrer war doof, die Klassenarbeiten waren zu schwer oder meine Freunde waren noch schlechter. Ihr steht dann allein da, unter dieser Lupe."
Wieder macht er eine Pause.

„Ich sage euch das nicht, um euch Angst zu machen! Ich möchte euch nur zeigen, dass JETZT die richtige Zeit ist, um sich diese Tatsache bewusst zu machen. Genießt die Zeit hier an der Schule. Ich gönne es euch von Herzen. Aber vergesst nicht, dass ihr nicht für eure Eltern lernt, auch nicht für die Lehrer oder die Lehrerinnen. Ihr lernt nur für euch selbst. Vielleicht solltet ihr JETZT damit anfangen."

Für zwei Sekunden herrscht betretenes Schweigen im Klassenzimmer. Dann nicken die ersten. Da meldet sich wieder ein Schüler zu Wort: „Warum erzählen Sie uns das eigentlich in Religion?“

„Gute Frage“, sagt Herr Schwarzenbolz und greift nach der Kreide, einer roten diesmal. „Ich war nämlich noch gar nicht ganz fertig.“ Er geht zur Tafel und wischt die skizzierte Lupe weg, das einsame Strichmännchen lässt er stehen. „In Religion geht es um uns Menschen und um Gott. Es geht um den Gott, der in der Bibel beschrieben ist. Dieser Gott liebt uns Menschen, jeden einzelnen. Er kennt uns ganz genau und er hat jeden von uns im Auge. Ja, Gott hat auch eine riesige Lupe, mit der er uns anschaut. Aber es gibt dabei einen Unterschied.“

Herr Schwarzenbolz dreht sich zur Tafel um. Mit dickem Strich malt er ein großes Herz um das einsame Strichmännchen. „Gott schaut uns auch durch eine Lupe an. Aber diese Lupe ist wie ein großes Herz, weil er uns alle so mag!“ Er zeichnet auch an das Herz einen Griff wie an der Lupe vorher. „Das Beste daran ist, dass Gott uns immer liebt, egal, was wir machen. Ob wir an ihn glauben oder nicht, ändert nichts daran. Nichts und niemand kann uns von seiner Liebe trennen!“ Wieder herrscht für einen Moment Stille.

„Och, ist das schön!“ entfährt es einer Schülerin aus der mittleren Reihe unwillkürlich. Der Lehrer lächelt. „Das finde ich auch. Deswegen ist Religion auch mein Lieblingsfach.“
Nach einer Sekunde meldet sich ungefragt die letzte Reihe. Diesmal ist es gleich ein mehrstimmiger Chor, der brüllt: „Unseres auch!“

Aufgabe:

- ⋆ Schlag in einer Bibel die Verse 38 und 39 in Römer 8 nach. Schreibe diese Verse als WhatsApp-Nachricht und ersetze das Wörtchen „uns“ in Vers 39 durch den Namen eines Mitschülers / einer Mitschülerin. Schicke ihm / ihr dann diese Nachricht. Vielleicht willst du von der Antwort berichten?

Die Deutschen Christen

Große Pause: Du siehst, wie drei Zehntklässler deinen Freund aus der achten Klasse auf den Boden schubsen. Sie nehmen ihm seinen Rucksack weg und werfen die Hefte in die Pfützen auf dem Boden. Einer der größeren Jungs hält deinen Freund fest, während die beiden anderen seine Schulbücher nehmen und Seiten herausreißen. Verzweifelt dreht dein Freund seinen Kopf. Sein Blick trifft dich, aber was sollst du nur tun? Du siehst dich um.
Zum Glück siehst du Herr Schmittchen, der die Pausenaufsicht hat. Er steht aber mit dem Rücken zu dir ein gutes Stück entfernt und hat von der ganzen Sache nichts mitbekommen.

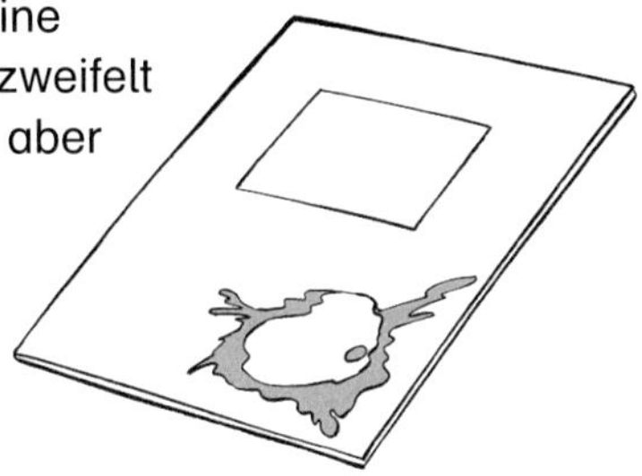

? Was machst du?

Individuelle Antwort

Abends in der Fußgängerzone: Du gehst vom Kino nach Hause und hast dich gerade von deinen Freunden verabschiedet. Auf deinem Nachhauseweg kommst du am Park vorbei. Vor dir hörst du schnelle Schritte. Du schaust von deinem Smartphone auf. Ein Schwarzer Junge in deinem Alter rennt atemlos quer über den Weg. Verfolgt wird er von drei großen Männern in Springerstiefeln. Auf einmal stolpert der Junge und bleibt reglos liegen. Die drei Männer lachen hässlich und bilden einen Kreis um ihr Opfer. Einer von ihnen zieht ein Messer unter seiner Bomberjacke hervor. Dich haben sie offensichtlich nicht bemerkt.

? Was machst du?

Individuelle Antwort

Emma ist verzweifelt. So hat sie sich die ganze Sache nicht vorgestellt. Sie hat keine Ahnung, was sie machen soll. Schwanger mit 15! Wenn das erst jemand erfährt, ist sie geliefert. Ihre Eltern werden sie aus der Wohnung werfen, da ist sich Emma ganz sicher. Aber das Ergebnis des Tests war eindeutig! Passiert sein muss es auf der Party von Maurice. Aber der war so betrunken, dass er von der ganzen Sache bestimmt nichts mehr weiß. Schließlich hat er seither auch kein Wort mehr mit ihr gewechselt und geschrieben hat er auch nicht. Ihre Freundin Jenny wusste auch keinen Rat. Emma muss ganz dringend mit einem Erwachsenen reden. Aber mit wem? Da fällt ihr die Pfarrerin ein, die sie konfirmiert hat. Hatte die nicht mal was erzählt, dass man sich immer an die Kirche wenden kann, wenn man in Not ist?

Was soll Emma tun?

Individuelle Antwort

Die Antworten auf die Fragen sind naheliegend. Wenn man in einer aussichtslosen Lage ist, muss man schließlich versuchen, sich helfen zu lassen: Entweder vom Lehrer, von der Polizei, oder von der Pfarrerin. Das klingt nicht nur logisch, das ist es auch.
Aber was wäre, wenn der herbeigerufene Lehrer dem Achtklässler nicht hilft?
Was, wenn er stattdessen zu den Zehnern sagt: „Gut gemacht, weiter so!“
Was wäre, wenn die Polizei kommt, den Schwarzen Jungen verhaftet und die drei Männer für ihren Angriff lobt?
Was wäre, wenn die Pfarrerin die Tür öffnet, Emmas Geschichte anhört und dann sagt: „Sorry, aber an der Sache bist du selbst schuld. Ich kann dir nicht helfen!“
So ein Verhalten von den Verantwortlichen können wir uns kaum vorstellen.
Oder?

Während des sogenannten „Dritten Reichs“ unter Adolf Hitler aber war es genauso:
Auch die Lehrer haben mitgemacht bei der Diskriminierung und Ungleichbehandlung von jüdischen Menschen.
Auch die Polizei – später sogar gerade die Polizei – hat Jagd gemacht auf bestimmte Menschengruppen. Jüdische Menschen und andere Leute, gegen welche die Nazis etwas hatten, brauchten von der Polizei keine Hilfe erwarten, sondern leider eher das Gegenteil.

Selbst große Teile der Kirchen – die eigentlich doch Nächstenliebe ausüben und allen Menschen helfen sollten – haben gemeinsame Sache mit den Nationalsozialisten gemacht. Von der Kirche konnten sich jüdische Menschen und andere, von den Nazis Verfolgte, also auch keine Hilfe erhoffen. Dafür sorgten innerhalb der evangelischen Kirche die sogenannten „Deutschen Christen“.

Infobox Deutsche Christen

Die „Deutschen Christen“ waren eine Gruppierung innerhalb der evangelischen Kirche, die ab 1933 stark an Macht gewann. Sie wollte die nationalsozialistische Einstellung von Hitler und seinen Leuten auch auf die Kirche übertragen. Deswegen stellten sie das Alte Testament in Frage, weil es darin ja hauptsächlich um das Volk Israel geht. Außerdem schlossen sie jüdische Menschen aus der Kirche aus. Das war ziemlich krass: Eine Kirche, die von Jesus predigt und deren Namen auf Jesus Christus – einen Juden – zurückgeht, die aber zugleich verbietet, dass jüdische Menschen dabei sein dürfen und die in ihrer Flagge das Hakenkreuz zeigt! Die Deutschen Christen hatten die Kirchenwahlen 1933 gewonnen und Ludwig Müller zum Reichsbischof gemacht. Damit waren sie die mächtigste Bewegung in der evangelischen Kirche Deutschlands.

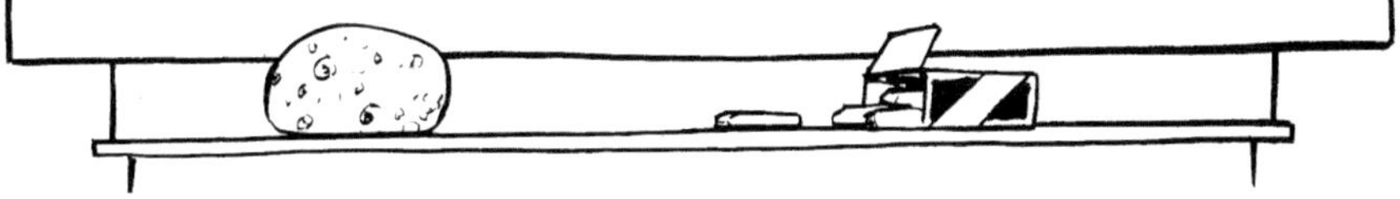

Die Bekennende Kirche

Was heißt „bekennen"?

Mögliche Antwort:
Zu jemandem stehen; eine Überzeugung vertreten, obwohl andere dagegen sind; sich nicht einschüchtern lassen, sondern bei seiner Meinung bleiben und diese auch aussprechen.

Zu wem oder was kann man sich bekennen?

Mögliche Antwort:
Zu Menschen, zu einer bestimmten Ansicht, zu einer Religion, zu einem Land, zu einer sexuellen Orientierung, …

Ist bekennen einfach?

Mögliche Antwort:
Nein, oft braucht man ziemlich viel Mut, um sich zu etwas oder zu jemandem zu bekennen, obwohl andere dagegen sind. Bekennen geht immer gegen Widerstand, wer sich bekennt, riskiert auch etwas.

Manche Christen erkannten während des Dritten Reichs, dass man etwas gegen Hitler, die NSDAP und auch gegen die sogenannten Deutschen Christen unternehmen musste. Sie bekannten sich zur christlichen Nächstenliebe und dazu, dass Jesus Christus selbst ein Jude war. Sie erkannten, dass man, im Gegensatz zu den Deutschen Christen, als ehrlicher Christ nicht für Hitler und seine Partei sein konnte.

Infobox Bekennende Kirche

Als Gegenbewegung zu den Deutschen Christen wurde 1933 der Pfarrernotbund gegründet. Aus diesem entwickelte sich die Bekennende Kirche. In der Barmer Erklärung legte die Bekennende Kirche fest, dass sich eine christliche Kirche nur Jesus Christus unterordnen sollte, nicht dem Staat. Die Bekennende Kirche war dagegen, dass sich die Nationalsozialisten in die Kirche einmischten. Sie war auch gegen Rassismus, insbesondere gegen die Judenverfolgung, weil das ihrem Glauben und der Bibel widersprach. Einer der bekanntesten Vertreter der Bekennenden Kirche war Dietrich Bonhoeffer, der nur wenige Tage vor dem Ende des Krieges in einem Konzentrationslager erhängt wurde.

Aufgaben:

- ★ Recherchiere im Internet weiter über die Bekennende Kirche. Besonders die erwähnte Barmer Erklärung ist wichtig. Entwirf dann mit deinem Sitznachbarn/deiner Sitznachbarin ein Werbeplakat für diese Organisation. Auf dem Plakat sollte deutlich werden, wofür die Bekennende Kirche steht – und gegen was und wen sie kämpft.
- ★ Weil große Teile der Kirchen nichts gegen Hitler unternommen hatten, erklärte die evangelische Kirche nach dem Zweiten Weltkrieg und der Befreiung Deutschlands von der Nazi-Herrschaft:
  „… wir klagen uns an, dass wir nicht mutiger bekannt, nicht treuer gebetet, nicht fröhlicher geglaubt und nicht brennender geliebt haben.“
  Kannst du dir vorstellen, was die Kirche damit gemeint haben könnte?

Impuls:

- ★ Von Dietrich Bonhoeffer stammt das bekannte Lied „Von guten Mächten …“. Er schrieb das Lied, als er schon Gefangener der Nazis war und mit seinem Tod rechnen musste. Hier kannst du es dir beispielsweise anhören:
  https://www.youtube.com/watch?v=JU5MsIXbt1Q

Flüchtlinge

Was ist Glück?

Mögliche Antwort:
Eine allgemeine Antwort zu finden, ist schwierig, weil Glück für jeden und jede Einzelne etwas anderes bedeuten kann. Man könnte aber sagen, Glück ist etwas Gutes, das man bekommt, ohne selbst entscheidend dazu beigetragen zu haben.

Wann hattest du das letzte Mal Glück? Möchtest du davon erzählen?

Individuelle Antwort

Kann man es auch als Glück bezeichnen, dass man in einem reichen und freien Land wie Deutschland aufwachsen und zur Schule gehen kann?

Mögliche Antwort:
Ja! Man kann nichts dafür, und es ist auf jeden Fall etwas Gutes, wenn man genug Geld hat und sich keine Sorgen machen muss, ob man auch morgen noch genug zu essen hat.
Es ist auch gut, wenn man offen seine Meinung sagen darf und keine Angst haben muss, deswegen Probleme zu bekommen. Glück ist es auch, wenn kein Krieg herrscht und man nicht sein Haus, seine Stadt und seine Freunde verlassen muss, weil man Angst um sein Leben haben muss.

Kann man Glück verschenken?

Mögliche Antwort:
Manchmal schon: Glück verschenken ist möglich, wenn man zum Beispiel an die vielen Flüchtlinge denkt. Man kann diesen Menschen helfen, sie willkommen heißen und bei uns aufnehmen. Damit teilt man das Glück, das wir hier in Deutschland haben.

Manchmal kann man es also wirklich teilen, das Glück. Die Bibel erzählt uns übrigens ziemlich oft von Flüchtlingen und deren Schicksal. Das Volk Israels war oft auf der Flucht und auch Jesus musste schon als Neugeborener nach Ägypten fliehen. In der Bibel gibt es daher einige unmissverständliche Aussagen zum Umgang mit Flüchtlingen. So verkündet Mose seinem Volk, bevor sie in das lang versprochene eigene Land einziehen dürfen:

> 19 *Zeigt auch ihr den Ausländern eure Liebe! Denn ihr habt selbst einmal als Ausländer in Ägypten gelebt.*
>
> *(5. Mose 10, 19, Hoffnung für alle)*

Jesus stellt sich mit den Flüchtlingen, den Fremdlingen, auf eine Stufe, wenn er begründet, warum Menschen ins Paradies kommen:

> 35 *Denn als ich hungrig war, habt ihr mir zu essen gegeben. Als ich Durst hatte, bekam ich von euch etwas zu trinken. Ich war ein Fremder bei euch, und ihr habt mich aufgenommen.*
>
> *(Matthäus 25, 35, Hoffnung für alle)*

Infobox Asylrecht

Das Wort „Asyl“ kommt aus dem Griechischen und bedeutet „Heim“ oder „Unterkunft“. Wer in seinem eigenen Land politisch verfolgt wird, bekommt in Deutschland Asyl. Gründe für politische Verfolgung sind zum Beispiel eine andere politische Meinung zu haben als die Regierung, einer anderen Religion anzugehören oder eine andere sexuelle Orientierung zu haben. Das Recht auf Asyl steht im deutschen Grundgesetz. Menschen, die vor Krieg aus ihrem Heimatland fliehen, nennt man Flüchtlinge. Auch diese dürfen nicht wieder zurückgeschickt werden, wenn ihnen dort Gefahr droht. Das steht in der Genfer Flüchtlingskonvention.

Aufgabe:

- ⋆ Gestalte ein Willkommens-Plakat für Flüchtlinge, zusammen mit deinem Nebensitzer/deiner Nebensitzerin. Welche Aussagen oder welche Elemente würden den Geflüchteten wohl besonders viel Trost schenken?

Impuls:

- ⋆ Du darfst hier aufwachsen und zur Schule gehen. Das ist Glück – das haben wir ja schon festgestellt. Du musst keine Angst haben, abgeschoben zu werden. Du darfst hier leben, obwohl du nichts dafür getan hast. Wäre das vielleicht ein Grund, mal ein kleines Dankeschön an Gott loszuwerden …?

Von Christen und Atheisten

Was sind eigentlich Atheisten?

Antwort:
Menschen, die nicht glauben, dass es einen Gott gibt, nennt man Atheisten. „Atheos“ kommt aus dem Griechischen und bedeutet so viel wie „ohne Gott“.

Was sind Christen?

Antwort:
Menschen, die an Jesus Christus – daher der Name „Christen“ – als den Sohn Gottes glauben, der von den Toten auferstanden ist. Christ wird man durch die Taufe. Es gibt verschiedene christliche Konfessionen und Kirchen. Die bekanntesten bei uns sind die evangelische und die katholische Kirche.

Sind Christen bessere Menschen?

Mögliche Antwort:
Nicht unbedingt. Es gibt viele Beispiele von Christen, die Unheil angerichtet haben – übrigens auch in der Bibel. Gleichzeitig gibt es auch Angehörige anderer Religionen oder Atheisten, die viel Gutes getan haben. Christen sind also nicht immer bessere Menschen, obwohl sie dazu aufgerufen sind, anderen zu helfen.

Was ist dann eigentlich der Unterschied zwischen Christen und Atheisten?

Mögliche Antwort:
Als Erklärungsversuch eine kleine Geschichte:

Man könnte das Leben vielleicht mit einem riesigen Förderband vergleichen. Auf diesem Förderband stehen alle Menschen. Dieses Förderband bewegt sich gleichmäßig vorwärts. Manchmal ruckelt es aber an verschiedenen Stellen ziemlich und die Menschen dort können ganz schön durcheinandergeschüttelt werden.

Nichts kann dieses riesige Förderband aufhalten. Gleichmäßig bewegt es sich auf eine tiefe Schlucht zu. Niemand weiß von sich selbst genau, an welcher Stelle des Förderbands er sich befindet. Man weiß auch nicht, ob man aus dieser Schlucht wieder herauskommt, wenn man hineingefallen ist.

Weiter vorne, dort wo die Schlucht nicht mehr weit entfernt ist, stehen viele ältere und alte Menschen. Aber es gibt auch dort jüngere und sogar Kinder und Babys. Auf der anderen Seite der Schlucht liegt ein unvorstellbar schönes Land. Ein Land, in dem es kein Förderband mehr gibt, kein Ruckeln und kein Zucken mehr. Ein Land, in dem alle glücklich sind. Dieses Land nennt man Paradies. Die Schlucht dazwischen ist der Tod, das Ruckeln und Zuckeln sind die Krisen und Schicksalsschläge, die uns immer wieder ereilen. Das Förderband schließlich ist die Zeit, die niemand aufhalten kann.

Von ganz weit oben, vom Himmel, hängen dicke Seile. Viele Seile. Es hängen genau gleich viele Seile vom Himmel, wie es Menschen auf dem Förderband gibt. Die Seile bieten den Menschen Halt an, wenn das Förderband ruckelt. Man kann sich daran festhalten. Sie möchten für Stabilität sorgen und für Sicherheit, wenn Schicksalsschläge und Krisen kommen.

Ganz am Ende des Förderbands möchten diese Seile die Menschen davor bewahren, in die Schlucht zu stürzen. Mit den Seilen können sie sich über die Schlucht ins Paradies schwingen.

Für jeden Menschen hängt ein Seil bereit. Der Unterschied zwischen Christen und Atheisten ist nur derjenige, dass Christen ihr Seil schon in die Hand genommen haben!

Christen sind also keine besseren Menschen; aber sie sind in mancher Hinsicht besser dran!

Der Sonntag

Welcher Tag der Woche gefällt dir am besten?

Individuelle Antwort

Was machst du an einem typischen Sonntag?

Individuelle Antwort

Was ist denn am Sonntag anders als an allen anderen Tagen?

Individuelle Antwort

Darf man am Sonntag Rasenmähen?

Antwort:
Nein. Der Sonntag gilt als Ruhezeit, an dem man keine lauten Arbeiten verrichten darf, die andere stören könnten.

Wo kommt unser Sonntag eigentlich her?

Mögliche Antwort:
Als Antwort kann folgende Infobox dir sicherlich weiterhelfen.

Infobox Sonntag

Der arbeitsfreie Sonntag wurde schon zur Zeit der Römer, ungefähr 300 Jahre nach dem Tod von Jesus, eingeführt. Christen sollten an diesem Tag zum Gottesdienst gehen können, weil Jesus am Sonntag von den Toten auferstanden war. In Deutschland ist der Sonntag durch das Grundgesetz als „Tag der Arbeitsruhe und der seelischen Erhebung“ besonders geschützt. Betriebe dürfen am Sonntag keine Menschen beschäftigen. Allerdings gibt es viele Ausnahmen, wie Polizei, Feuerwehr, Gaststätten, …

Aufgaben:

- ⋆ Sollte man den freien Sonntag abschaffen? Arbeitnehmer hätten dann eben am Montag, Dienstag oder an einem anderen Tag frei. Man könnte auch am Sonntag zum Shoppen gehen und hätte viel mehr Möglichkeiten. Diskutiere mit deinem Sitznachbarn/deiner Sitznachbarin.
- ⋆ Überlege dir einen guten Spruch, der deine Meinung zum Sonntag ausdrückt. (zum Beispiel: „Befreit den Sonntag – Shopping für alle!“ oder „Schützt das Wochenende – für unseren freien Sonntag!“). Bestimmt fällt dir ein besserer Slogan ein.
- ⋆ Gestalte mit einem Partner/einer Partnerin ein Plakat, auf dem deine eigene Meinung zum Sonntag deutlich wird. Vielleicht habt ihr ja Lust, später ein Foto von eurem Plakat zu posten.

★ Lies dir die Statements zur Abschaffung des freien Sonntags durch. Welche Personen sind für eine Abschaffung, welche sind dagegen?

Am Sonntag muss gearbeitet werden. Dann können meine Maschinen weiterlaufen und die Produkte werden billiger. Das kommt allen zugute. (Herr B., Firmen-Chef)	*Der Sonntag ist der einzige Tag, an dem es nicht um Autos geht. Endlich hat man mal Zeit für andere Dinge. Es ist der wichtigste Tag der Woche. (R., Autohändlerin)*
An den verkaufsoffenen Sonntagen brummt der Laden. Ich brauche mehr davon, am liebsten in der Weihnachtszeit. (Frau K., Ladenbesitzerin)	*Du sollst den Feiertag heiligen. (Gott)*
Der Sabbat (Sonntag) ist für den Menschen gemacht, nicht der Mensch für den Sonntag. (Jesus)	*Einkaufen am Sonntag ist einfach toll. Da hat man mehr Zeit und Ruhe, weil man keine Schule hat. (A., Schülerin)*
Meine Mutter ist Verkäuferin. Abends muss sie oft bis 20 Uhr arbeiten, donnerstags manchmal sogar bis 22 Uhr. Ich bin froh, dass ich sie wenigstens sonntags für mich habe. (Tom, Grundschüler)	*Die Konkurrenz schläft nicht. Wenn alle am Sonntag Brötchen verkaufen, muss ich das auch tun; dann habe ich keinen Tag mehr, an dem ich ausschlafen kann. (Herr E., Bäckermeister)*
Am Sonntag ist in der Fabrik weniger los. Ich arbeite gerne am Sonntag, dann habe ich eben an einem anderen Tag frei. (Frau G., Näherin)	*Ich habe nur einen kleinen Klamottenladen. Wenn die großen Geschäfte sonntags öffnen dürfen, muss ich das auch tun. Aber ein Privatleben habe ich dann gar nicht mehr. (Herr S., Einzelhändler)*
Mein Mann soll am Sonntag zuhause sein. Wenn er am Sonntag arbeiten muss, und dafür einen anderen Tag frei hat, bringt das nicht viel – die meisten anderen Verwandten und Freunde haben dann ja keine Zeit. (H., Hausfrau und Mutter)	*Am Sonntag gibt es Feiertagszuschlag. Da lohnt sich meine Arbeit auf der Baustelle erst richtig. (M., Bauarbeiter)*